A Lâmpada da Memória

Artes&Ofícios 7

Dirigida por Beatriz Mugayar Kühl

A Lâmpada da Memória
John Ruskin

Tradução e Apresentação
Maria Lucia Bressan Pinheiro

Revisão
Beatriz e Gladys Mugayar Kühl

Título original
"The Lamp of Memory". In: Ruskin, John. *The Seven Lamps of Architecture*, 1. ed., 1849.
Tradução feita a partir do fac-símile da edição de 1880, New York, Dover, 1989, pp. 176-198.
Pranchas: Reproduzidas da 6ª edição; Sunnyside, George Allen, 1889

Direitos reservados e protegidos pela Lei 9.610 de 19.02.98.
É proibida a reprodução total ou parcial sem autorização,
por escrito, da editora.

Copyright da tradução © 2008 Maria Lucia Bressan Pinheiro

1ª edição, 2008 / 2ª edição, 2013 / 1ª reimpressão, 2015 / 2ª reimpressão, 2018 / 3ª edição, 2022.

Dados Internacionais de Catalogação na Publicação (CIP)
(Câmara Brasileira do Livro, SP, Brasil)

Ruskin, John, 1819-1900.
A lâmpada da memória / John Ruskin; tradução e apresentação Maria Lucia Bressan Pinheiro; revisão Beatriz e Gladys Mugayar Kühl. – 3ª ed. – Cotia-SP: Ateliê Editorial, 2021. – (Artes&Ofícios; 7)

Título original: The lamp of memory
ISBN – 978-65-5580-050-0

1. Arquitetura 2. Arquitetura e sociedade I. Kühl, Beatriz Mugayar. II. Kühl, Gladys Mugayar. IV. Título. V. Série.

21-93438	CDD-720

Índices para catálogo sistemático:

1. Arquitetura 720

Maria Alice Ferreira – Bibliotecária – CRB-8/7964

Direitos reservados à
Ateliê Editorial
Estrada da Aldeia de Carapicuíba, 897
06709-300 – Cotia – SP – Brasil
Tel.: (11) 4702-5915
www.atelie.com.br / contato@atelie.com.br
facebook.com/atelieeditorial
blog.atelie.com.br
instagram.com/atelie_editorial

Printed in Brazil   2022
Foi feito o depósito legal

Sumário

John Ruskin e as Sete Lâmpadas da
Arquitetura – Algumas Repercussões no Brasil 9
  Maria Lucia Bressan Pinheiro

A Lâmpada da Memória 49
  John Ruskin

John Ruskin e as Sete Lâmpadas da Arquitetura – Algumas Repercussões no Brasil

Maria Lucia Bressan Pinheiro

John Ruskin (1819-1900), considerado o principal teórico da preservação do século XIX na Inglaterra, é também – e até por isso mesmo – uma das mais emblemáticas e controvertidas figuras daquele conturbado período, em que "tudo o que é sólido se desmancha no ar", como magistralmente escreveu Karl Marx. Quase exatamente contemporâneo da Rainha Vitória (1819-1901), Ruskin viveu durante o auge do poderio econômico e militar da Inglaterra – "o melhor e o pior dos tempos", no dizer de Dickens –, dele destoando fortemente, por sua capacidade de vislumbrar o reverso da medalha, por assim dizer.

Excêntrico, reacionário, intransigente inimigo da industrialização – diz-se que não admitia que nem sequer os seus livros fossem transportados por ferrovia –, Ruskin foi um dos maiores expoentes da crítica românica, de cunho socialista, à sociedade capitalista industrial e suas evidentes mazelas – miséria generalizada, injustiça social, inchaço urbano, destruição da natureza, entre outras –, e sua contribuição foi essencial para as correções de rumo que, pouco a pouco, foram feitas em termos de reformas sociais, urbanísticas, de proteção ao meio ambiente e outras.

Entretanto, para além da dimensão política – talvez a mais conhecida – dos múltiplos interesses de John Ruskin, não menos importante é sua reflexão sobre o papel da arquitetura, e sua preservação, para a sociedade moderna; reflexão por vezes obscurecida pela generalizada aversão contemporânea ao exacerbado romantismo oitocentista, do qual constitui um dos pilares. Em que pese tal preconceito, o pensamento de Ruskin aponta para várias questões ainda extremamente pertinentes ao debate arquitetônico atual. A presente tradução do Capítulo VI – "A Lâmpada da Memória" – de sua obra *As Sete Lâmpadas da Arquitetura* visa, precisamente, contribuir para o aprofundamento de tal debate.

Oriundo de família escocesa, seu pai era um próspero comerciante de vinhos xerez – atividade que, a despeito de seu caráter inevitavelmente mercantil, gozava de certo prestígio na estrutura social oitocentista inglesa; sua mãe, puritana calvinista, era – à sua maneira rígida – extremamente devotada a seu único filho. A educação de Ruskin foi muito severa, com poucas di-

A Lâmpada da Memória • 11

versões, e bastante solitária; não lhe era permiti-do possuir brinquedos mais sofisticados do que uma bola, um carrinho de madeira e blocos de montar. Acostumado desde pequeno a entreter-se sozinho, logo desenvolveu o hábito de observar minuciosa-mente as coisas ao seu redor: o desenho do tapete, a estampa do papel de parede, os nós do assoalho de madeira, os tijolos das casas vizinhas etc.[1]

Não frequentou sistematicamente escolas até os quinze anos, mas cedo se familiarizou com autores como Scott, Pope, Shakespeare e Byron; além, natu-ralmente, da leitura cotidiana da Bíblia. Aliás, seu profundo conhecimento do Livro Sagrado transparece em todos os seus escritos, sendo particularmente evi-dente nos primeiros – entre os quais se inclui *As Sete Lâmpadas da Arquitetura*, publicado em 1849 – não só pelas citações constantes, como pelo tom moralista e dogmático; características mais tarde criticadas pelo próprio Ruskin, como veremos.

Desde pequeno recebeu também noções de música, desenho e observação da natureza, inclusive através de muitas viagens – a primeira das quais pelo interior da Ingla-terra, quando tinha quatro ou cinco anos. De fato, por profis-são e por gosto, seu pai viajava muito, levando a família em sua companhia; o primeiro e inesquecível contato de John

---

1. No fim de sua vida, entre os anos de 1884 e 1889, Ruskin escreveu uma delicada autobiografia, *Praeterita*. Excertos dessa obra foram reproduzi-dos em David Carrier, *England and its Aesthetes: Biography and Taste*, Amsterdam, G+B Arts International, 1997, pp. 26-54.

Ruskin com os Alpes – que tanto marcaria sua obra – deu-se em 1833, quando tinha 14 anos. Deve-se ressaltar, entretanto, que, no século XIX, a região dos Alpes constituía uma verdadeira obsessão romântica, talvez por se configurar como uma das últimas regiões europeias isoladas, não conspurcadas pelas transformações do período. Do mito de Guilherme Tell aos chalés alpinos reiteradamente construídos nas exposições universais da segunda metade do século, inúmeras são as evidências da popularidade do tema. E Ruskin foi um de seus mais veementes admiradores.

Essas peculiaridades da sua educação explicam, em certa medida, a independência de seu pensamento, que transparece da abordagem muito pessoal que faz de temas de ampla repercussão no século XIX, como o Neogótico, o pitoresco, o Sublime, a restauração de edifícios e tantos outros presentes em *As Sete Lâmpadas da Arquitetura*. Embora o próprio Ruskin reconhecesse tal independência, ele mesmo afirmava não considerar uma tal educação doméstica, nos arredores de Londres, como modelo a ser seguido. Mas reconhecia que:

> [...] grande parte da [sua] percepção aguda e profundo sentimento da beleza da arquitetura e da paisagem, no estrangeiro, deveu-se ao arraigado hábito de restringir-se à felicidade dentro dos quatro muros de tijolo do [seu] quintal de cinquenta por cem jardas; e de aceitar com resignação a estética exterior dos arredores de um subúrbio londrino, e, mais ainda, de uma capela londrina[2].

---

2. Carrier, *op. cit.*, pp. 31 e 38. Infere-se das palavras de Ruskin seu desgosto

A Lâmpada da Memória • 13

Seus comentários autobiográficos, em *Praeterita*, também lançam luzes sobre sua tumultuada vida sentimental, cujas notórias atribulações sempre repercutiram fortemente em sua saúde física e mental. Na visão de Ruskin, o maior prejuízo advindo de sua rígida educação e de sua infância solitária não foi, como se poderia esperar, que ele se tornasse egoísta ou frio, mas sim que, quando tomado por sentimentos de afeição, estes se revestissem de incontrolável e desenfreada violência[3]. De fato, a primeira das muitas decepções amorosas que sofreu ocorreu ainda na adolescência: com 17 anos, apaixonou-se por Adèle Domecq, filha do sócio de seu pai – o produtor do hoje famoso conhaque –, mas não foi correspondido. O fato causou-lhe problemas de saúde – recorrentes a partir de então, e frequentemente por motivos análogos –, levando-o a interromper os estudos para viajar pela Europa por cerca de dois anos.

Após seu retorno, seu pai – decidido a encaminhá--lo para a carreira religiosa, tornando-o preferencialmente um bispo evangélico – matriculou-o em Oxford. Sua mãe acompanhou-o, mudando-se também para lá, para cuidar de sua saúde delicada. Mas Ruskin não teve uma trajetória universitária destacada, exceptuando-se apenas o prêmio Newdigate, que ele recebeu pelo poema *Salsette and Elephanta*, em 1839.

com relação à arquitetura das capelas protestantes inglesas – desgosto que parece estar relacionado a boa parte do conteúdo do primeiro capítulo de *As Sete Lâmpadas da Arquitetura*, a "Lâmpada do Sacrifício".

3. Carrier, *op. cit.*, p. 31.

14 • John Ruskin

Suas atividades como artista e crítico de arte começaram logo após sua graduação em Oxford, em 1842, consubstanciando-se no primeiro volume de *Modern Painters*, uma elaborada defesa do pintor William Turner, publicada em 1843. Também suas viagens de estudo pela Europa, sempre acompanhado da família, foram retomadas a partir de então; a Itália era um de seus destinos favoritos, como se depreende dos inúmeros exemplos citados em *As Sete Lâmpadas da Arquitetura* e no livro que se seguiu, *As Pedras de Veneza*, publicado em 1851.

Em 1848, John Ruskin casou-se com Euphemia Chalmers Gray, mas o casamento não foi feliz, e acabou sendo anulado em 1854. Euphemia casou-se posteriormente com o pintor pré-rafaelita John Everett Millais, numa situação curiosamente bastante parecida com a que mais tarde viria a ocorrer a um de seus principais seguidores, William Morris, cuja esposa se apaixonou por outro pintor pré-rafaelita, Dante Gabriel Rossetti. Esse desafortunado episódio assinala, por outro lado, a proximidade de Ruskin com o círculo dos pintores pré-rafaelitas, que também repercutiu em sua predisposição favorável, manifesta naqueles anos, em relação à corrente neogótica.

Essa aproximação também é corroborada pelo seu envolvimento – inclusive financeiro – na construção do Museu de História Natural de Oxford, projeto em estilo "gótico veneziano" – um dos preferidos de Ruskin, como veremos – dos arquitetos irlandeses Deane e Woodward,

A Lâmpada da Memória • 15

com participação do próprio Millais, no detalhamento dos capitéis. Esse museu é a única obra construída a ostentar elementos arquitetônicos desenhados pelo próprio Ruskin[4].

Aliás, ainda que de forma intermitente, boa parte de sua carreira posterior estaria associada à Universidade de Oxford, onde foi admitido na categoria de *Slade professor*[5] em 1869; nesse período, suas aulas e palestras eram extremamente concorridas. Em 1879, devido a problemas de saúde mental que se tornariam recorrentes a partir de então –, Ruskin teve de abandonar sua carreira de professor, retomando-a novamente em 1883, por apenas um ano, pelos mesmos motivos.

A década de 1860 marca o início de uma importante mudança na vida do escritor, que coincide com a publicação do segundo volume de *Modern Painters*. De sua atividade teórica como crítico de arte, suas ideias evoluíram para o campo da política, assumindo um cunho socialista ao defender questões tão atuais como: ensino público obrigatório; nacionalização da produção e do comércio dos bens de consumo elemen-

---

4. Ver a respeito Kenneth Clark, *The Gothic Revival – an Essay in the History of Taste*, London, Constable, 1950, p. 284.
5. Algumas das mais tradicionais universidades inglesas – além de Oxford, as universidades de Cambridge e a University College, em Londres – receberam uma dotação do colecionador e mecenas de arte Felix Slade (1790-1868), para a contratação de professores de arte. Pelas datas, a contratação de Ruskin deve ter sido uma das primeiras, senão a primeira, em Oxford.

16 • John Ruskin

tar, em um regime de coexistência e concorrência com a iniciativa privada; seguro-desemprego; previdência social para invalidez e velhice.

A partir de então, Ruskin passou a empenhar-se mais e mais – inclusive financeiramente – em causas sociais; entre suas mais famosas iniciativas está a *Guilda de São Jorge*, uma organização social e industrial modelo, em sistema de cooperativa, para a qual contribuiu com a vultosa quantia de 7 000 libras, destinada à compra de terras, moinhos e equipamentos. Ruskin também colaborou para a fundação de um museu de arte e ciência em Sheffield, visando a melhoria dos produtos industrializados lá produzidos, de péssima qualidade e desenho[6].

No entanto, tanto uma fase – se assim podemos chamá-la – da obra de Ruskin, quanto a outra, são absolutamente interdependentes e coerentes, diferenciando--se apenas pelo seu paulatino distanciamento do acentuado caráter puritano dos primeiros trabalhos. Suas próprias palavras no prefácio à edição de 1880 de *As Sete Lâmpadas da Arquitetura* são dignas de nota, a esse respeito:

---

6. Ao que se pode depreender, a postura de Ruskin era de um socialismo moderado. Entretanto, para Di Stefano, Ruskin teria aprovado o comunismo, especialmente o chinês, cujas comunidades camponesas seguem exatamente o modelo apresentado na *Guild of St. George*. Mas não há qualquer menção a nomes como Marx, Engels, Proudhom, Sant-Simon em seus escritos – somente Carlyle é citado. Segundo Clark, Gandhi dizia que Ruskin tinha representado uma das principais influências na sua vida (Roberto Di Stefano, *John Ruskin – Interprete dell'Architettura e del Restauro*, Napoli, Edizioni Scientifiche Italiane, 1983, p. 69). Agradeço Beatriz Mugayar Kühl a indicação desse texto.

[...] como o embrião do que eu escrevi desde então se encontra de fato aqui [...], aqui ele é oferecido novamente na velha forma; tudo, exceto alguns trechos de um protestantismo fanático e completamente falso [...][7].

Estudiosos de sua obra apontam também que Ruskin, nesses anos, cogitara de retirar de circulação seus primeiros escritos sobre arte; mas tal intenção parece ligar-se à sua convicção da inutilidade desses escritos, como ele próprio aponta no mesmo prefácio:

Eu nunca tive a intenção de republicar este livro, que se tornou o mais inútil de todos os que eu escrevi; os edifícios nele descritos com tanto prazer tendo sido ou demolidos, ou raspados [*scraped*] e remendados para tornarem-se presunçosos e polidos de uma forma mais trágica do que a ruína mais extrema. Mas eu vejo que o público ainda gosta do livro – e o lê, ainda que não preste atenção [naquilo] que lhe seria realmente útil e necessário [...][8].

O termo em inglês utilizado com tanto desgosto por Ruskin em referência ao procedimento, usual no período, de raspar as pinturas antigas das paredes dos monumentos – *scrape* –, de forma a conferir-lhes unidade e clareza espacial, bem como aparência de recém-construídos, deu origem a uma linha preservacionista tipicamente inglesa, conhecida como Anti-Scrape Movement,

---

7. John Ruskin, *The Seven Lamps of Architecture*, New York, Dover, 1989 (edição fac-similar da edição de 1880), p. v.
8. *Idem*, nota 7.

18 • John Ruskin

ou Movimento Anti-Restauração, como é conhecido entre nós. Alicerçado em todas as *Lâmpadas da Arquitetura*, porém mais especificamente vinculado à *Lâmpada da Memória*, o movimento – como seu nome já indica – coloca-se radicalmente contra a restauração, advogando em contrapartida o cuidado e a manutenção constantes aos monumentos. A tendência alcançou grande popularidade na Inglaterra na segunda metade do século XIX, difundindo-se logo pelo continente europeu, e contava entre seus principais expoentes com o arquiteto e *designer* William Morris que, inspirado nas ideias de Ruskin, fundou em 1877 a Society for the Protection of Ancient Buildings (SPAB), ou Sociedade para a Proteção dos Edifícios Antigos[9].

A ampliação do debate preservacionista no século XX, aliada às notórias dificuldades contemporâneas da leitura de Ruskin – cujo estilo ele mesmo criticou como "sobrecarregado de dourações, e excessivo, com demasiado estardalhaço e em cascatas de palavras..."[10] – fez com que a "Lâmpada da Memória" – que constitui apenas uma, dentre as Sete Lâmpadas da Arquitetura (Sacrifício, Verdade, Poder, Beleza, Vida e Obediência) – assumisse o caráter de um texto autônomo, especificamente voltado para a restauração. Porém, é necessário examiná-la no contexto de que faz parte, pois inúmeros aspectos aí

9. Ver a respeito Maria Lucia Bressan Pinheiro, "William Morris e a SPAB", *Rotunda*, n. 3, 2004, pp. 22-32 (www.iar.unicamp.br/rotunda/rotunda03.pdf).
10. *Idem*, nota 7.

A Lâmpada da Memória • 19

abordados estão intimamente vinculados a ideias desenvolvidas nas demais Lâmpadas; e é justamente nessa coerência geral, de não dissociar a preservação do quadro cultural mais amplo, que reside o valor, a profundidade e a atualidade das ideias ruskinianas a esse respeito.

Ruskin escreveu *As Sete Lâmpadas da Arquitetura* "no olho do furacão", vendo o mundo em que fora criado esboroando-se à sua volta. Sua principal preocupação é a dissolução de valores e princípios – morais e estéticos, e vice-versa, já que ambos são indissociáveis em seu pensamento – nos quais acreditava profundamente, procurando a todo custo preservá-los das transformações em curso.

De fato, *As Sete Lâmpadas* estão marcadas pelo exacerbado puritanismo que caracteriza a primeira fase de sua obra, como fica evidente, entre outros aspectos, pelo uso de aforismos, isto é, máximas morais. Assim, o primeiro aforismo – ainda na introdução do livro – estabelece que devemos fazer o que é certo sem nos preocuparmos com os meios para isso; seguindo-se o Aforismo 2: "Todas as leis práticas representam leis morais" (Introdução, p. 4)[11]. Percebe-se desde logo,

---

11. As referências às *Sete Lâmpadas*, neste texto, serão todas apresentadas entre parênteses, indicando, na ordem, capítulo, seção e página. A numeração das páginas provém da citada edição John Ruskin, *The Seven Lamps of Architecture*, New York, Dover, 1989 (edição fac-similar da edição de 1880). As sete lâmpadas que compõem os sete capítulos do livro são, na ordem: I. "A Lâmpada do Sacrifício"; II. "A Lâmpada da Verdade"; III. "A Lâmpada do Poder"; IV. "A Lâmpada da Beleza"; V. "A Lâmpada da Vida"; VI. "A Lâmpada da Memória"; VII. "A Lâmpada da Obediência".

portanto, que, embora especificamente voltado à arquitetura – ou talvez por isso mesmo, já que essa evidenciava claramente o contexto de crise então vigente – todo o livro é antes de mais nada um libelo contra o excessivo materialismo do período.

Assim, ao mesmo tempo em que procurava desenvolver leis adequadas para a Arquitetura, consonantes com a natureza humana e com o momento presente – que, ele reconhecia, colocava novas demandas para a arte – Ruskin mostrava-se preocupado em impedir "a completa dissolução de tudo o que é sistemático e consistente na nossa prática [...]" (Introdução, p. 3). Por outro lado, é surpreendente constatar que, nesse que é um de seus primeiros escritos, ele já admitia a possibilidade de que houvesse questões mais prementes do que a arquitetura, "trazidas à nossa consideração pelo curso selvagem do presente século" (Cap. VII, § VIII, p. 210) – numa menção premonitória das dramáticas questões sociais que, mais tarde, polarizariam seus próprios esforços intelectuais e financeiros.

Se o tom piedoso e moralista de Ruskin, e sua linguagem rebuscada e difícil, afiguram-se antiquados – até mesmo superados –, neste início de século XXI, o mesmo não se pode dizer de sua corajosa e franca denúncia da supremacia de valores materiais, da destruição da natureza, da injustiça social, da hipocrisia, do convencionalismo, e da fealdade – por ele considerada indício seguro do estágio material e espiritual de uma sociedade – imperantes na Inglaterra oitocentista, denúncia essa que perpassa toda a sua obra.

Essa denúncia tem sua origem no inabalável humanismo que caracteriza as ideias de John Ruskin, e que constitui um dos mais bonitos aspectos de seu pensamento – e que se anuncia já na definição de arquitetura que abre a "Lâmpada do Sacrifício": "Arquitetura é a arte que de tal forma dispõe e adorna os edifícios construídos pelo homem, para quaisquer usos, que a sua visão possa contribuir para a sua saúde mental, poder, e prazer" (Cap. I, § I, p. 8). Trata-se de um humanismo puritano, é fato; mas mesmo assim uma crença profunda, por vezes quase orgulhosa – por isso humanista –, nas potencialidades humanas, no valor do trabalho humano, que se alterna com uma sincera compaixão pelas vicissitudes e sofrimento de que a vida do homem está repleta – o homem comum, temente a Deus e cheio de fraquezas; por isso, humanismo puritano.

A importância central do Ornamento, por exemplo – um dos elementos imprescindíveis da Beleza arquitetônica, na visão de Ruskin – reside no sentido de trabalho e cuidado humanos que é capaz de revelar. Afirma ele que, embora qualquer touceira de ervas daninhas crescendo numa ruína seja geralmente mais bela do que a mais elaborada peça escultórica encontrada nessa mesma ruína, esse fato não retira nosso interesse da própria escultura; e isso devido à "nossa consciência de que se trata da obra do pobre, desajeitado, laborioso homem" (Cap. II, § XIX, p. 54). É, portanto, o trabalho humano em si que confere valor ao ornamento: "pois não é o material, mas a ausência de trabalho humano, que torna o objeto sem valor" (Cap. II, § XX, pp. 55-56). Daí as conhecidas invectivas de Ruskin contra o ornato feito à máquina – mesmo supondo-se que possa ser executado com grande perfeição e qualidade – que não tem a participação humana e, portanto, não tem valor.

Essa oscilação de postura entre o que poderíamos chamar de "orgulho humanista" e de "humanismo puritano" transparece em todas as lâmpadas, mas é especialmente evidente nas da Beleza e do Poder, que constituem, para Ruskin, "as duas grandes Lâmpadas intelectuais da Arquitetura" (Cap. III, § II, p. 72). Com efeito, nesses dois capítulos, Ruskin trata das diferentes formas de conferir beleza à arquitetura, numa visão muito pessoal – como sempre – das noções estéticas então preponderantes na cultura europeia: o ideal clássico de Beleza, tratado na própria "Lâmpada da Beleza"; e o Sublime, aquela noção de empatia associativa entre o homem e a natureza, tratada na "Lâmpada do Poder". A noção correlata de pitoresco é, por sua vez, abordada na "Lâmpada da Memória".

Em sua visão, a Beleza absoluta – a "pura beleza", como ele dirá na "Lâmpada da Memória" – "consiste numa justa e humilde veneração pelas obras de Deus na terra" (*idem*, *ibidem*); tal veneração humilde, porém, não pode prescindir da intermediação intelectual do homem entre natureza – isto é, "as obras de Deus na terra" – e arquitetura. Em outro trecho, afirma também que a beleza traz a marca da capacidade intelectual do homem, pois ela "consiste *numa interpretação nobre de imagens de Beleza, originadas principalmente das* aparências externas da natureza orgânica" (Cap. IV, § I, p. 103, grifo nosso). Esse aspecto fica mais claro nesse belíssimo trecho:

> Consideremos primeiro que as características dos objetos naturais que o arquiteto consegue representar são poucas e abstratas. A maior parte dessas alegrias, através das quais a Natureza se torna atraente ao homem em todos os momentos, não pode ser transmitida por ele à sua obra imitativa. Ele não pode fazer a sua grama verde e fresca e boa para se descansar, o que na natureza constitui seu principal uso para o homem; ele também não consegue fazer suas flores delicadas e cheias de cor e de perfume, que na natureza são os seus principais poderes de dar prazer. As únicas qualidades que pode garantir são certas características severas de forma, tais que os homens só veem na natureza em exame deliberado, e através da plena e predeterminada aplicação da vista e do pensamento: um homem precisa deitar-se de bruços no gramado e pôr-se a observar e perscrutar o seu entrelaçamento, antes de encontrar aquilo que é bom para ser recolhido pelo arquiteto. De forma que, embora a natureza nos seja sempre prazerosa, e embora a visão e a percepção da sua obra possa misturar-se alegremente com todos os nossos pensamentos, e esforços, e tempos de existência, *aquela imagem dela, que o arquiteto leva consigo, representa o que nós só podemos perceber por esforço intelectual direto, e exige de nós, onde quer que apareça, um esforço intelectual similar para compreendê-la e senti-la*. É a impressão escrita e ratificada de algo perseguido, é o resultado modelado da investigação e a expressão corporificada do pensamento (Cap. IV, § XVI, pp. 117-118, grifo nosso).

Essa definição da Beleza explica a reiterada convicção de Ruskin de que ela requer determinadas condições para sua fruição; veja-se sua afirmação axiomática: "Onde o repouso é proibido, também a beleza o é" (Cap. IV, § XIX, p. 119).

Mas é na "Lâmpada do Poder" que o humanismo de Ruskin apresenta-se com insuspeitado orgulho; de fato, embora as ideias ali expostas apresentem afinidades com a noção setecentista de Sublime – aquelas sensações associativas despertadas por fenômenos naturais que evidenciam a pequenez e fragilidade do homem[12]–, elas assumem uma conotação específica, quase contrária: na visão de Ruskin, o Sublime diz respeito ao poder humano de ir *além da imitação das formas naturais* – que é onde, como vimos, reside tudo o que é belo em arquitetura – através do uso controlado de características arquitetônicas análogas às da natureza, tais como: tamanho, massa, volume, jogo de luz e sombra etc. O domínio, pelo homem, dessas características – minuciosamente analisadas na "Lâmpada do Poder" – faz com que suas obras estabeleçam relações diretas com a obra de Deus, tornando-se, assim sublimes; pois Ruskin, em certo ponto, define o Poder como "a afinidade [*sympathy*], na arquitetura, com os vastos poderes de dominação da própria Natureza". Assim, em sua acepção, tal Poder consiste "numa compreensão do domínio sobre essas

---

12. Vejam-se a respeito várias obras do período, como *A Philosophical Enquiry into the Origin of our Ideas of the Sublime and Beautiful*, de Edmund Burke, publicado originalmente em 1751.

obras [de Deus na terra] que foi investido no homem" (Cap. III, § II, p. 72 e Aforismo 17, p. 71).

Ideias análogas quanto à capacidade intelectual do homem de suscitar sentimentos profundos através da arquitetura comparecem em todas as *Sete Lâmpadas* – como, por exemplo, na "Lâmpada da Vida":

> Coisas semelhantes em todos os aspectos, como na sua substância, usos, ou formas externas, são nobres ou ignóbeis proporcionalmente à plenitude de vida de que elas mesmas gozam, ou de cuja ação ostentam a evidência, como as areias da praia tornam-se belas por portarem as marcas do movimento das águas. E isso é especialmente verdadeiro para todos os objetos que ostentam a impressão da mais alta ordem da vida criativa, isto é, da mente do homem: eles tornam-se nobres ou ignóbeis proporcionalmente à quantidade de energia daquela mente que foi visivelmente empregada neles (Cap. V, § I, p. 148).

E isso é ainda mais aplicável à Arquitetura, "que, não sendo verdadeiramente capaz de qualquer outra vida a não ser essa, e não sendo essencialmente composta de coisas agradáveis em si mesmas – como os doces sons da música, ou as cores harmoniosas da pintura, mas de substância inerte – depende, para sua dignidade e prazer no mais alto grau, da vívida expressão de vida intelectual envolvida na sua produção" (Cap. V, § I, pp. 148-149).

Mas o humanismo ruskiniano, oscilando entre uma profunda humildade e o incontido orgulho, expressa-se também de uma outra forma que perpassa toda a "Lâmpada da Memória" (seções III, IV e V) – que nos remete novamente ao "pobre, desajeitado, laborioso homem". Trata-se da capacidade dessa "arte magnificamente humana da arquitetura" de exprimir o "sofrimento e ira da vida, sua tristeza e seu mistério" (Cap. III, § XIII, p. 85); e é a ela que Ruskin se refere em suas várias passagens sobre as moradas dos homens bons e a importância da preservação da arquitetura "menor", que se identifica com a pequenez honrada das vidas humanas; o que não cabe à beleza pura.

Essas qualidades associativas de identificação, ou de empatia, entre a arquitetura, obra humana, e a natureza, obra de Deus – também presentes na exuberante descrição feita por Ruskin da paisagem do Jura, que abre o capítulo – constituem a própria justificativa da preservação. De fato, ao exprimir compreensão, e até mesmo compaixão, pelas vicissitudes dos homens, e sendo capaz de consolá-los, a arquitetura torna-se sublime, influenciando e transformando nossa vida cotidiana. Nesse sentido, para Ruskin, a Sublimidade é "agraciada pelo Senhor com uma glória adicional, por sua associação com os mais sinceros esforços do pensamento humano" (Cap. III, § III, p. 72), tornando-se quase superior às obras puramente belas, pois essas "nada dizem aos homens, exceto em momentos de descanso ou de prazer" (Cap. III, § XIII, p. 84), isto é, exigem condições excepcionais para sua fruição, como vimos.

O elemento-chave para a Sublimidade, no sentido abordado na "Lâmpada da Memória", porém, é o tem-

A Lâmpada da Memória • 27

po – o que vale dizer, a história. É na longa duração, com a passagem do tempo, que a arquitetura vai se impregnando da vida e dos valores humanos; daí a importância de construir edifícios duráveis, e de preservar aqueles que chegaram até nós. Não é à toa que Ruskin cogitou em chamar o sexto capítulo das *Sete Lâmpadas* de "Lâmpada da História", em vez de "Lâmpada da Memória"[13]. Tão importante é a historicidade da arquitetura, que, para enfatizá-la, Ruskin não só admite, como chega mesmo a preconizar, na "Lâmpada da Memória", a utilização de um recurso que ele criticara veementemente na "Lâmpada da Beleza": a decoração heráldica, e, entre as várias formas que ela pode assumir, os brasões e as inscrições. Em sua visão, tais elementos essencialmente antinaturais não podem ser considerados ornamentos, nem fazer parte da Beleza; só podem ser utilizados, portanto, "em lugares onde o sentido da inscrição é mais importante do que o ornamento externo" (Cap. IV, § IX, p. 111). Tal é, precisamente, o caso da arquitetura doméstica, vernácula, onde o sentido de comunicação entre os homens e a arquitetura é o principal valor a destacar.

Nessa perspectiva é que se inserem as longas – e, inegavelmente, um tanto confusas – divagações de Ruskin sobre o pitoresco, que constitui outra das noções estéticas vigentes no período a remeter-nos diretamente à

---

13. Ver a respeito Stephan Tschudi-Madsen, *Restoration and Anti-Restoration*, Oslo, Universitetsforlaget, 1976, p. 45. Agradeço Beatriz Mugayar Kühl pela indicação desse texto.

natureza[14]. De fato, após tratar nos capítulos precedentes das várias formas em que – segundo sua visão – o Sublime se manifesta na arquitetura, com destaque para o tempo, Ruskin define o pitoresco, genericamente, como o *Sublime Parasitário*, isto é, um aspecto intrínseco ao Sublime, ainda que secundário. Daí a importância que confere à pátina – a "mancha dourada do tempo", em suas palavras –, elemento acessório que condensa, por assim dizer, os sinais da passagem do tempo, possibilitando à obra arquitetônica comunicar às levas sucessivas da humanidade as ligações entre os períodos da história. Assim, a pátina é o equivalente, na arquitetura, dos dons de linguagem e de vida encontrados nos objetos naturais, como ele diz na "Lâmpada da Memória"; daí a intransigência de Ruskin quanto à necessidade imperiosa de sua manutenção.

Mas não é apenas na "Lâmpada da Memória" que Ruskin desenvolve princípios aplicáveis à preservação dos monumentos. Várias noções importantes a esse respeito são desenvolvidas na "Lâmpada da Verdade"; como sua afirmação de que é preferível "deixar [nossas] paredes tão nuas quanto uma prancha aplainada, ou construí-las de barro seco e palha amassada, se necessário; mas não executá-las em moldes artificialmente toscos" (Cap. II, § XIX, p. 55). De resto, as associações

---

14. Sobre a noção de pitoresco, ver o artigo de Mário Henrique Simão D'Agostino e Maria Lucia Bressan Pinheiro, "A Noção de Pitoresco em Arquitetura", *Desígnio Revista de História da Arquitetura e do Urbanismo*, n. 1, São Paulo, Annablume, março de 2004, pp. 119-128.

entre a verdade em arquitetura, tão cara a John Ruskin, e o princípio atual da restauração de jamais imitar a linguagem de estilos passados, são evidentes – ainda que Ruskin, colocando-se radicalmente *contra* qualquer intervenção de restauro, não tenha formulado explicitamente o preceito da distinguibilidade.

Afirmação análoga é encontrada na "Lâmpada da Beleza", quando Ruskin critica o "mau hábito de tentar disfarçar necessidades desagradáveis com alguma forma de decoração instantânea" (Cap. IV, § XXII, p. 122) – por exemplo, a aplicação de rosas ornamentais para disfarçar os ventiladores nos forros das capelas. Ele deixa implícito que seria preferível deixar tais "necessidades desagradáveis" à vista – o que nos remete à sua defesa da colocação franca de reforços e escoras num monumento a ser preservado, conforme a "Lâmpada da Memória". Embora tais afirmações estejam relacionadas à ideia de verdade arquitetônica, também evidenciam que o principal aspecto que torna um edifício digno de preservação não é a beleza, mas seu aspecto histórico, *i.e.* memorial; e, nesse sentido, sublime, conforme as acepções ruskinianas a respeito.

Um aspecto da "Lâmpada da Memória" reveste-se de incontestável pioneirismo e atualidade: a inclusão da dimensão ecológica em sua abordagem da preservação. Referências à Natureza como inspiradora da beleza – tanto por motivos morais como estéticos –, não são, evidentemente, privilégio de Ruskin; mas não pode haver dúvida sobre a intuição premonitória – num momento

30 • John Ruskin

de transformação predatória do meio ambiente, aclamada como símbolo de progresso – de seu Aforismo 29: "A terra é um legado inalienável, não uma propriedade"[15].

Tão grande é, de fato, a consciência de Ruskin da fragilidade do equilíbrio da natureza – bem como da capacidade humana de destruição – que, na "Lâmpada do Poder", ele já afirmara que "mais frequentemente o homem destrói a sublimidade natural, do que a natureza esmaga o poder humano. Não é necessário muito para humilhar uma montanha" (Cap. III, § IV, p. 73).

Mais pioneira ainda é a associação precoce – feita por Ruskin no parágrafo final da "Lâmpada da Memória" – entre o meio ambiente natural e o meio ambiente construído, uma postura que só encontrará eco nos meios preservacionistas na segunda metade do século XX.

Como se vê, embora tributário de seu tempo, Ruskin desenvolve noções muito próprias quanto a temas de grande repercussão à época: Beleza, Sublime, restauração, Natureza, entre outros. Entretanto, um aspecto da cultura vitoriana encontra total ressonância em sua obra: trata-se de sua crença na necessidade imperiosa da escolha de um estilo – isto é, um sistema de ornamentos, sa-

---

15. Aspectos autobiográficos parecem ter inspirado as reflexões condensadas nesse aforismo. Veja-se a descrição que Ruskin faz de sua casa, nos arredores de Londres: "ela possuía jardim e quintal proporcionais ao seu tamanho; o jardim, opulentamente adornado com velhas sempre-vivas, e lilases e laburnos bem crescidos; o quintal, de setenta jardas de comprimento por vinte de largura, famoso em toda a região por suas peras e maçãs, que tinham sido escolhidas com muito cuidado por nosso predecessor (é uma vergonha que eu esqueça agora o nome de um homem a quem devo tanto!)..." (David Carrier, *op. cit.*, p. 29).

bendo-se que o ornamento constituía a pedra de toque da ideia ruskiniana de beleza – como a única maneira de impedir a morte da arquitetura (Cap. VII, § IV, p. 203 e seguintes). A esse respeito, Ruskin preconizava uma escolha democrática e consensual, "tanto de arquitetos como de público, na escolha de um estilo, e sua utilização universal" – quase como num plebiscito[16]. Suas próprias predileções se voltavam – em ordem de preferência – para o românico pisano; o gótico primitivo das repúblicas ocidentais italianas; o gótico veneziano; e, finalmente, o gótico decorado inglês mais primitivo (Cap. VII, § VII, p. 208). Trata-se de fato de uma escolha entre estilos medievais, na qual, porém – ao contrário do que se poderia esperar –, a alternativa nacional ocupava o último lugar[17]. E, numa operação nitidamente oitocentista, porém não menos surpreendente, Ruskin aceitava a possibilidade de

16. As vantagens de tal procedimento encontram-se detalhadamente justificadas na "Lâmpada da Obediência". É certo, porém, que, decididamente, Ruskin não favorecia a arquitetura clássica: sua isenção inicial, ao propor a escolha consensual de um estilo para a nação, desaparece diante de sua afirmação de não poder "imaginar que algum arquiteto [seja] insano o suficiente para propor a vulgarização da arquitetura grega" (Cap. VII, § VII, pp. 206-208) – ainda que admitisse tal escolha para alguns casos específicos de edifícios públicos.

17. Parece significativo, a respeito da seleção de estilos preferidos de John Ruskin, sua menção à dificuldade que encontrava em trabalhar nos frios interiores das catedrais inglesas – à época, pouquíssimo utilizadas, e quase sempre fechadas. Já nas igrejas do Continente, "os serviços diários, as lâmpadas e fumigações tornavam-nas perfeitamente inofensivas à saúde" (Prefácio à 1ª edição, p. xii). Dado o caráter geral do livro, é possível que esse aspecto – a utilização cotidiana de obras arquitetônicas, verdadeiros exemplos de arquitetura viva –, tenha inconscientemente contribuído para a predileção que Ruskin conferiu a esses estilos.

enriquecimento do estilo decorado inglês através da inclusão de elementos do gótico decorado francês.

Mas Ruskin admitia a evolução – controlada – da arquitetura, baseada em pesquisa profunda e domínio das características do estilo escolhido a partir do consenso proposto. Em sua visão, gradualmente, à medida que o estilo se tornasse familiar e natural, aí sim seria possível introduzir as mudanças consideradas necessárias para sua adaptação às necessidades práticas da vida moderna. "Desse modo, ao longo do tempo e por um grande movimento nacional, pode acontecer que um novo estilo surja, assim como a própria linguagem muda; nós poderíamos por exemplo começar a falar italiano em vez de latim, ou falar inglês moderno em vez do antigo; mas isso seria algo que não poderia ser apressado ou evitado, por vontade ou determinação" (Cap. VII, § VII, p. 207)[18].

É fato que, na década de 1850, Ruskin parece ter-se deixado contagiar pela voga neogótica que atingia então o seu auge – o que coincidiu com a publicação da segunda edição de *As Sete Lâmpadas*, em 1855. No prefácio a essa edição, o autor manifestou seu desejo de corrigir "a expressão de dúvida quanto ao estilo que deveria, no momento, ser adotado por nossos arquitetos. Eu não tenho nenhuma dúvida, agora, de que o único estilo adequado para obras modernas no Norte é o gótico setentrional do século XIII, tal como exemplificado, na Inglaterra, principalmente pelas

---

18. Em linhas gerais, esse processo parece ter sido percorrido pelos adeptos do Movimento Arts & Crafts, partindo das ideias de Ruskin.

catedrais de Lincoln e Wells, e na França pelas de Paris, Amiens, Chartres etc."[19] Certamente foram essas manifestações, bem como seu envolvimento no projeto e construção do Museu de Oxford, que acarretaram sua irremediável associação com a tendência neogótica, prevalente até os dias de hoje.

Entretanto, na edição de 1880 de *As Sete Lâmpadas da Arquitetura*, tal prefácio foi suprimido, levando-nos a concluir que Ruskin mudara de ideia quanto à sua exortação ao neogótico. Aliás, vários são os momentos ao longo da obra em que ele expressa dúvidas a respeito, como na seguinte passagem:

> O movimento que tem tido lugar nos nossos objetivos e interesses arquitetônicos nesses últimos anos é considerado, por muitos, cheio de promessas: eu espero que sim, mas ele me parece um tanto doentio. Eu não sei dizer se se trata de fato de um florescimento de sementes ou de uma acomodação de ossos [...] (Cap. V, § III, p. 151)[20].

De qualquer forma, parece ter constituído um traço da complexa personalidade de John Ruskin sua

---

19. Clark, *op. cit.*, p. 274.
20. Ainda na mesma Lâmpada, encontra-se outra referência crítica a uma obra neogótica recente: "Há uma igreja gótica recentemente construída perto de Rouen, extremamente vil na sua composição geral, mas excessivamente rica em detalhe; muitos dos detalhes são desenhados com muito gosto, e evidentemente por um homem que estudou as obras antigas com cuidado. Mas ela é tão morta quanto as folhas em Dezembro; não há nenhum toque de ternura, nenhum golpe caloroso, em toda a fachada. Os homens que a construíram odiaram-na, e deram graças quando foi terminada" (Cap. V, § XXIV, p. 173).

34 • John Ruskin

propensão a intempestivas mudanças de opinião –
verdadeiro pendor para a contradição –, como apontou
Kenneth Clark[21].

Diante da abrangência de temas enfocados por
John Ruskin, de suas idiossincrasias pessoais, e de seu
radicalismo e veemência, pode-se imaginar as inúmeras
polêmicas nas quais esteve envolvido. Em 1874, por
exemplo, recusou uma medalha de ouro que lhe fora
conferida pelo Instituto Real de Arquitetos Ingleses
(RIBA – Royal Institute of British Architects) por sua
atividade preservacionista. Justificou a recusa denun-
ciando a "destruição, sob o nome de restauração, le-
vada a cabo pelos arquitetos", citando nominalmente

21. Segundo Clark, Ruskin deleitava-se em contradizer-se a si próprio,
    e só sentia que estava perto da verdade quando se contradizia pelo
    menos três vezes (op. cit., pp. 265-266). Nesse sentido, note-se a
    reinclusão, como Apêndice I da edição de 1880, de um excerto do
    suprimido prefácio à edição de 1855 das Sete Lâmpadas. O trecho
    reinserido – intitulado "Os Quatro Modos de Admiração" da arqui-
    tetura – contradiz o seguinte trecho da "Lâmpada da Obediência":
    "a arquitetura deve ser o começo de todas as artes; as outras devem
    segui-la em seu tempo e ordem; e eu creio que a prosperidade de
    nossas escolas de pintura e escultura [...] depende da de nossa arqui-
    tetura" (Cap. VII, § VI, p. 205). No trecho anexado como apêndice em
    1880, Ruskin afirmava ter chegado à conclusão de que a escultura e
    a pintura eram, na verdade, senhoras da arquitetura; seguindo-se sua
    conhecida frase – que despertou irada reação de Philip Webb – de que
    "o arquiteto que não fosse escultor ou pintor não seria nada mais do
    que um moldureiro em grande escala" (p. 217). Como tais afirmações
    estão no Apêndice, deduz-se que prevalecem as do texto principal –
    matizadas por aquelas. Ou não... nunca se sabe, em se tratando de
    John Ruskin; o que torna a tarefa de analisar seu pensamento, mesmo
    a partir de uma única obra, mais cheia de armadilhas do que já o seria
    para qualquer autor.

A Lâmpada da Memória • 35

o próprio presidente do RIBA à época, George Gilbert Scott[22], como "o pior ofensor".

Porém, sua obra escrita sempre gozou de grande prestígio e popularidade, a ponto de a venda de seus livros constituir sua principal fonte de renda ao final de sua vida[23], quando já se esgotara a grande herança que recebera de seu pai (estimada entre 150 e 200 000 libras), empenhada em sua maior parte em causas sociais, como a *Guilda de São Jorge*, e mesmo – em escala incomparavelmente menor, é verdade – em contribuições financeiras para a causa preservacionista[24].

Assim, não é de todo surpreendente constatar a ressonância de suas ideias em um âmbito tão distante da Inglaterra vitoriana quanto o panorama cultural

---

22. Conhecido como autor da Estação de St. Pancras, em Londres, Sir George Gilbert Scott (1811-1878) foi um dos mais ativos arquitetos do período. Apenas na área da restauração – tal como entendida então – esteve envolvido nas obras de cerca de 26 catedrais, 182 igrejas, 15 abadias e 6 castelos. Em que pesem as críticas que Ruskin lhe dirigiu, suas ideias sobre restauro – que estão na base do guia *Conselhos Gerais para os Promotores da Restauração de Edifícios Antigos* publicado pelo RIBA em 1864 – estão entre as mais avançadas do período, embora nem sempre estejam refletidas em sua prática.

23. Foram vendidas 44 000 cópias de *Sesame and Lilies* – uma de suas mais populares coletâneas de escritos e palestras – desde sua publicação, em 1871, até 1900. Consta que a venda de seus livros lhe rendia então a expressiva quantia de 4 000 libras por ano.

24. Em 1855, Ruskin propôs a criação, no âmbito da Sociedade de Antiquários, de um Fundo para a Conservação (Conservation Fund), destinado à manutenção e eventual aquisição de imóveis históricos ameaçados de destruição. Esteve também entre os primeiros sócios da SPAB, a Sociedade para a Proteção dos Edifícios Antigos fundada por seu seguidor William Morris, em 1877.

36 • John Ruskin

brasileiro das primeiras décadas do século XX, principalmente entre os adeptos do Neocolonial.

Um dos primeiros a evidenciar tal repercussão é o próprio deflagrador do movimento: o engenheiro português Ricardo Severo, que se mostra um leitor bastante atento de John Ruskin, como se pode ver no seguinte trecho de sua conferência "A Arte Tradicional do Brasil"[25]:

> Alguns reclamam que, para compor a arquitetura monumental de uma cidade moderna, são necessários os moldes clássicos consagrados das obras-primas da humanidade, aplicando cada arquiteto o estilo a que o seu talento pode dar mais intensa expressão artística; essa deveria ser a fonte da inspiração – a arte é universal e não nacional. Mesmo quando seja justa esta maneira de ver, há que ponderar que o caráter de uma cidade não lhe é dado pelos seus monumentos, colocados em pontos dominantes, grandes praças ou lugares históricos. Ligam esses locais as ruas e avenidas, marginadas por casas de variado destino; e são estas que dão a característica arquitetônica da cidade; com efeito, o monumento é uma exceção, a casa é a nota normal da vida quotidiana do cidadão, é como uma lápide epigráfica da sua ascendência e da sua história.

Tais ecos da seção V da "Lâmpada da Memória" podem ser retraçados a partir das afinidades entre Ricardo Severo e o movimento da "Casa Portuguesa" – movimento de valorização da arquitetura vernácula portuguesa apoiado pelo historiador Rosa Peixoto e

25. Sociedade de Cultura Artística, *Conferências 1914-1915*, São Paulo, Tipografia Levi, 1916, pp. 79-81. Trata-se da conferência em que Severo lançou o movimento neocolonial, por assim dizer.

pelo arquiteto Raul Lino – estabelecidas quando de sua estadia em Portugal entre 1897 e 1907. Raul Lino – cujas ideias alcançaram certa ressonância no Brasil, através da obra *A Nossa Casa – Apontamentos sobre o Bom Gosto na Construção das Casas Simples* e de artigos difundidos na imprensa especializada – estudou arquitetura na Alemanha, onde teve contato também com a tendência romântica inglesa de matriz ruskiniana ligada ao Arts & Crafts[26].

As ideias de Ricardo Severo, por sua vez, contagiaram aquele que viria a tornar-se o principal paladino da arte e da cultura genuinamente brasileiras: Mário de Andrade, que, no início da década de 1920, entusiasmou-se grandemente com o Neocolonial[27]. Em 1920, após empreender uma viagem a Minas Gerais, Mário escreveu uma série de artigos invocando nominalmente a autoridade de Severo como estudioso da arquitetura colonial brasileira[28]. Significativamente, o trecho da conferência *A Arte Tradicional no Brasil* acima citado, relativo à im-

---

26. Para uma biografia de Raul Lino, ver João de Souza Rodolfo, *Luís Cristino da Silva e a Arquitetura Moderna em Portugal*, Lisboa, Dom Quixote, 2002.

27. É digno de nota, a esse respeito, que a seção de arquitetura da Semana de Arte Moderna de 1922 se compunha de um projeto neocolonial de autoria do arquiteto polonês Georg Przyrembel – além de desenhos de influência Art-Déco realizados por outro estrangeiro, Antônio Moya.

28. Publicados originalmente em *A Cigarra* e na *Revista do Brasil*, esses artigos foram reproduzidos por Claudete Kronbauer (org.), *A Arte Religiosa no Brasil. Crônicas Publicadas na Revista do Brasil em 1920*, São Paulo, Experimento/Giordano, 1993.

38 • John Ruskin

portância da arquitetura doméstica, chegou a ser então transcrito por Mário[29]:

> Os grandes monumentos podem ser construídos nos estilos que se universalizaram mais ou menos pela sua beleza. Não modifica a feição duma cidade brasileira que lhe seja a catedral de estilo gótico. A justificativa da nossa estaria nas próprias palavras do Sr. Ricardo Severo, apóstolo do estilo neocolonial, quando diz: "o caráter duma cidade não lhe é dado pelos seus monumentos, colocados em pontos dominantes, grandes praças ou lugares históricos...".

Trata-se, portanto, exatamente daquele trecho em que é evidente a repercussão da "Lâmpada da Memória", como vimos.

Embora o tom geral desses artigos esteja distante da espontaneidade e ousadia intelectual que viriam a caracterizar a obra de Mário de Andrade, assomam aqui e ali pontos de vista pouco convencionais em seus comentários – principalmente sobre as igrejas do Rio de Janeiro e de Minas Gerais, que visitara pessoalmente. Comparou, por exemplo, a Igreja de São Bento do Rio de Janeiro com "a caverna dos Nibelungos"; considerava São Francisco da Penitência "positivamente feia", devido a seu "aspecto exterior bisonho e desajeitado". Seu interior, porém, era digno de elogios; Mário comparou-o a uma casa de moradia: "...apesar de totalmente dourada, é afetuo-

29. Kronbauer, *op. cit.*, p. 94.

sa, é alegre, tem um ar familiar de quem diz: 'Sente-se. A casa é sua' "[30].

Esses mesmos trechos nos remetem novamente a outros trechos de Ricardo Severo, em que ele demonstra compartilhar das noções associativas de Beleza tão exploradas por Ruskin:

Na arquitetura de uma casa são partes integrantes da sua armadura externa o telhado e os muros, como na cara os cabelos e o rosto, e são órgãos de expressões as janelas e as portas, como os olhos e a boca, dando a característica da sua fisionomia. Assim, há casas de amoroso semblante que parecem ninhos perpétuos de idílios e noivados, outras de aspecto hospitaleiro e generoso como fraternais albergues, graves algumas e sisudas como tribunais ou cadeias, outras ainda que são antipáticas e repulsivas, e mais raramente algumas que por soturnas e misteriosas, como habitações de duendes, só causam assombração e desgraça[31].

Mas, também de um ponto de vista mais especificamente voltado à dimensão física da preservação de monumentos, é possível detectar a ressonância de John Ruskin no contexto brasileiro. Por se tratar de um campo ainda pouquíssimo explorado, tal ressonância se reveste de maior interesse – tanto mais se pensarmos na absoluta predominância da cultura francesa na *intelli-*

30. *Idem*, pp. 69-70.
31. Sociedade de Cultura Artística, *op. cit.*, pp. 54-55. Embora privilegiasse associações morais, em alguns momentos, Ruskin faz também associações de cunho psicológico – ao comparar, por exemplo, os matacães em balanço do Palazzo Vecchio, de Florença, a um cenho franzido (Cap. III, § VII, p. 76).

40 • John Ruskin

gentsia brasileira, o que, no tema em questão, nos reme-
teria a seu antípoda Viollet-le-Duc[32].

De fato, conceitos ruskinianos sobre a importância
dos edifícios antigos e sua conservação – em oposição
a qualquer ideia de intervenção restaurativa – estão
presentes em data tão precoce quanto 1904, no relatório
sobre "Os Reparos nos Fortes de Bertioga", preparado
por Euclides da Cunha para o Instituto Histórico e Geo-
gráfico de São Paulo[33]:

> Trata-se de conservar duas grandes relíquias, que compen-
> sam a falta absoluta de qualquer importância estreitamente utilitá-
> ria, com o incalculável valor histórico que lhes advém das nossas
> mais remotas tradições.
>
> Compreende-se, porém, que tais reparos tendam apenas
> a sustar a marcha das ruínas. Quaisquer melhoramentos ou re-
> toques, que se executem, serão contraproducentes, desde que o
> principal encanto dos dois notáveis monumentos esteja, como de
> fato está, na sua mesma vetustez, no aspecto característico que
> lhe imprimiu o curso das idades.

32. São surpreendentemente raras as menções a Viollet-le-Duc na imprensa do período, e geralmente ligadas a sua dimensão de estudioso
da arquitetura gótica – como é o caso do longo artigo "A Alma das
Catedrais", em que Gustavo Barroso discorre sobre as catedrais gó-
ticas europeias, citando nominalmente Viollet-le-Duc. No mesmo
artigo foi transcrito também um trecho da "Lâmpada da Memória"
(*Ilustração Brasileira*, n. 16, dezembro de 1921). Já o deputado
pernambucano Luiz Cedro, em seu projeto de lei de criação da Inspetoria dos Monumentos Nacionais, em 1923, mencionava a lei
francesa de 30 de março de 1887 e invocava o artigo "Guerre aux
démolisseurs", de Victor Hugo, em defesa de seus argumentos.
33. *Obra Completa*, Rio de Janeiro, José Aguilar, 1966, vol. I, pp.
677-680.

Euclides da Cunha toca aqui na questão da pátina, um dos temas ruskinianos que ganha destaque na década de 1920, como se vê no artigo "Chafarizes do Rio de Janeiro", em que o gravador Adalberto de Mattos, realizando uma peregrinação imaginária pelos chafarizes cariocas, constata:

> Bem raras são as vetustas recordações históricas que conservam o cunho característico e tradicional. Tudo tem mudado, mais ou menos dentro do prisma estético, deste ou daquele administrador. As grades dos nossos jardins, a cantaria dos nossos edifícios aí estão, clamando piedade. Os nossos monumentos acompanham em coro esses queixumes. A impiedade os atinge, emprestando-lhes um aspecto de mascarada.
>
> Para simular um amor que não existe, lançam mão da escova e dos cáusticos, com que inutilizam as pátinas, preciosa colaboração do tempo. Exemplo vivo desse sacrilégio é o soberbo monumento de D. Pedro I, que, de vez em quando, é violentamente esfregado, para em seguida serem os seus dourados avivados com o fatídico ouro banana!...[34]

A menção ao ouro "banana" – sucedâneo barato do metal precioso, visualmente espalhafatoso e artificial – remete a considerações feitas mais ou menos na mesma época por um jovem arquiteto bastante próximo do círculo neocolonial carioca, liderado pela polêmica figura de José Mariano Filho: Lúcio Costa.

Em seu artigo "A Alma dos Nossos Lares", Costa condenava o ideal de perfeição doméstica então vigente,

34. *Ilustração Brasileira*, n. 10, Rio de Janeiro, junho de 1921, s/p.

42 • John Ruskin

em que imperava o apreço pelo "novinho", "pintadinho", "bonitinho", afirmando:

> O ideal em arquitetura doméstica não é essa casa de aspecto eternamente novo, reluzente, lustrada, polida, que parece gritar-nos: "Cuidado, não me toquem! Cuidado com a tinta!" Não... longe disso. A verdadeira casa é aquela que se harmoniza com o ambiente onde situada está, que tem cor local; aquela que nos convida, que nos atrai, e parece dizer-nos: Seja bem-vindo![35]

Seguem-se palavras em que a noção de empatia entre a edificação e o morador – tão cara ao pensamento ruskiniano – é enaltecida:

> Com o mesmo amontoado de moedas que se faz uma casa pretensiosa, inexpressiva e fria, de uma complicação que nada exprime... pode-se fazer uma joia de arquitetura, um paraíso onde se viva; uma casa rica de simplicidade, de beleza, de conforto; que pareça viver conosco e conosco sentir; que tenha personalidade; que esteja em harmonia com o temperamento daquele que nela mora... Uma casa que tenha alma, enfim.

A repercussão do pensamento de John Ruskin é particularmente evidente nos escritos do médico pernambucano José Mariano Filho, mentor intelectual do Neocolonial no Rio de Janeiro e um dos primeiros a ensaiar uma abordagem da arquitetura colonial a partir de seus condicionantes de partido – técnicas e recursos disponíveis, características climáticas do país etc. (o que

35. *A Noite*, 19.3.1924, p. 1.

ele chama de "arquitetura mesológica"). A despeito de suas inúmeras incorreções a esse respeito, é inegável sua postura de valorização daquilo que é específico, local, nacional, expressa em vários artigos, tal como "A Nossa Arquitetura"[36]:

> Que espírito é esse que emoldura docemente num quadro de tranquila beleza as velhas cidades de antanho? Por que motivo inexplicável o velho solar da marquesa de Santos é mais nobre, mais "nosso", do que o caricato Pavilhão Monroe? [...] É o espírito do passado; e é a esse espírito que eu chamo o "caráter" na arquitetura colonial.

As evidentes referências pictóricas remetem-nos ao Setecentos; mas a menção ao "espírito do passado" nos leva diretamente à noção ruskiniana de pitoresco. Aliás, o próprio Mariano Filho encarrega-se de citá-lo nominalmente ao longo do artigo, quando trata da verdade dos materiais e do anticonvencionalismo das arquiteturas locais:

> A simplicidade desse casarão provém daquele discreto equilíbrio de massas de que os grandes mestres possuem a justa medida. Tudo nele é *verdade*. Tudo tem a sua razão de ser, a sua lógica, o seu sentido. O pátio estabelece a corrente de ar entre o claustro e os aposentos que lhe estão em torno. O alpendre alviçareiro quebra a tranquilidade da fachada engrinaldada de trepadeiras virentes.

---

36. *Ilustração Brasileira*, n. 19, Rio de Janeiro, março de 1922, s/p.

44 • John Ruskin

Ruskin, o gótico, o teria canonizado sob a luz serena das sete lâmpadas eternas da arquitetura.

Mariano Filho também revela-se partidário de uma postura não intervencionista, de respeito à manutenção das características arquitetônicas e da dignidade dos monumentos, como se vê no artigo sobre a demolição do Solar de Megaípe, uma das primeiras vítimas da ampliação do debate preservacionista no país[37]:

> Com a arte brasileira acontece exatamente o que está acontecendo com as florestas brasileiras. Discursos, poesias, e devastação por fim.
>
> [...] Chegou a vez [de Megaípe]. Ao menos não lhe profanaram o corpo, como ao velho edifício da rua do Passeio, onde funcionou a Maçonaria brasileira, hoje loja de automóveis. Transformavam-lhe a metade inferior numa "boutique" moderna, revestida de pedra artificial, e deixaram a parte superior tal como a havia concebido o grande arquiteto Grandjean de Montigny. Megaípe, ao menos, não sofreu o aviltamento de vestir roupas canalhas. Morreu com dignidade.

É de destacar, aí, a comparação entre a arte e o meio ambiente natural brasileiros – numa incipiente denúncia que não tem paralelo então.

---

37. "A Casa de Megaípe" em José Mariano Filho, *À Margem do Problema Arquitetônico Nacional*, Rio de Janeiro, s.c.p., 1943, p. 35. O Solar de Megaípe foi demolido logo após a criação da Inspetoria Estadual de Monumentos Nacionais de Pernambuco, em 1928.

Um seu conterrâneo, o poeta modernista Manuel Bandeira, também compartilha da mesma postura, ao alertar, em 1928, para a necessidade de proteção do patrimônio da cidade de Ouro Preto:

> Essa tradição é que cumpre zelar. Não permitir que os seus templos se arruínem, como está acontecendo com a deliciosa capelinha do Padre Faria, contemporânea dos primeiros descobrimentos de ouro. Sobretudo não consentir nas restaurações depredadoras do velho caráter dos seus monumentos. A isso seria mil vezes de preferir a ruína, que destrói a matéria mas respeita a alma[38].

Como se vê, as ideias de John Ruskin repercutiram em literatos e intelectuais de várias tendências, ainda que se manifestem mais consistentemente no círculo de adeptos do neocolonial, tanto em São Paulo como no Rio de Janeiro – onde se destaca Lúcio Costa, que se revela leitor atento de Ruskin ao longo de toda a década de 1920.

De fato, no artigo "O Aleijadinho e a Arquitetura Tradicional", de 1929[39], encontram-se alguns dos trechos mais genuinamente ruskinianos do período, como:

> Vendo aquelas casas, aquelas igrejas, de surpresa em surpresa, a gente como que se encontra, fica contente, feliz,

---

38. Artigo "Defesa de Ouro Preto", publicado originalmente em *Ilustração Brasileira*, n. 97, setembro de 1928, s/p.; também reproduzido em *Crônicas da Província do Brasil*, Rio de Janeiro, Civilização Brasileira, 1930.
39. Artigo reproduzido em Lúcio Costa, *Sobre Arquitetura*, Porto Alegre, CEUA, 1962, pp. 14-15.

e se lembra de coisas esquecidas, de coisas que a gente nunca soube, mas que estavam dentro de nós, não sei.

Ao exaltar aquilo que é essencial na arquitetura colonial brasileira – o "verdadeiro espírito de nossa gente" – em detrimento do decorativismo que atribuía ao artista mineiro, Lúcio Costa investiu corajosamente contra o único ícone então reconhecido da arquitetura colonial brasileira:

> E é assim que a gente compreende que ele [o Aleijadinho] tinha espírito de decorador, não de arquiteto. O arquiteto vê o conjunto, subordina o detalhe ao todo, e ele só via o detalhe, perdia-se no detalhe, que às vezes o obrigava a soluções imprevistas, forçadas, desagradáveis.

Ora, suas críticas ao Aleijadinho têm claras afinidades com a advertência, contida na "Lâmpada da Beleza" (Cap. IV, § XXXIV, p. 135), sobre o perigo da sedução do ornamento escultórico para o arquiteto:

> No momento em que o arquiteto se permite dar ênfase às porções de imitação [os ornatos copiados da natureza], existe uma chance de que ele perca de vista o dever do ornamento, de seu papel como parte da composição, e sacrifique os pontos de sombra e efeito pelo prazer da talha delicada. E então ele está perdido.

O desfavor das ideias de matriz ruskiniana fica, por outro lado, evidente a partir das palavras do mesmo Lúcio Costa, anos depois, quando, descartando seu envolvimento com o neocolonial, tachou-o de "ruskinismo re-

A Lâmpada da Memória • 47

tardado", na conhecida passagem do artigo "Depoimento de um Arquiteto Carioca", de 1951:

> Foi contra essa feira de cenários arquitetônicos improvisados que se pretendeu invocar o artificioso revivescimento formal do nosso próprio passado, donde resultou mais um pseudoestilo, o neocolonial, fruto da interpretação errônea das sábias lições de Araújo Viana, e que teve como precursor Ricardo Severo e por patrono José Mariano Filho.
>
> Tratava-se, no fundo, de um *retardado ruskinismo*, quando já não se justificava mais, na época, o desconhecimento do sentimento profundo implícito na industrialização, nem o menosprezo por suas consequências inelutáveis. Relembrada agora, ainda mais avulta a irrelevância da querela entre o falso colonial e o ecletismo dos falsos estilos europeus: era como se, no alheamento da tempestade iminente, anunciada de véspera, ocorresse uma disputa por causa do feitio do toldo para o "garden-party"[40].

Apesar de desdenhar então essa matriz comum – o pensamento romântico do século XIX em geral, e de John Ruskin em particular –, não seria surpreendente se estudos posteriores vierem a constatar que ela teve significação maior do que o próprio Costa se mostrava disposto a admitir. Afinal, as ideias de Ruskin, filtradas pelo grupo Arts & Crafts, constituem parte dos fundamentos da própria arquitetura moderna[41].

40. Costa, *op. cit.*, p. 185, grifo nosso.
41. Leonardo Benevolo considera o ano de 1862 – início das atividades da firma Morris, Faulkner, Marshall & Co. idealizada por William Morris, o principal seguidor de John Ruskin na Inglaterra – como um dos marcos fundadores da arquitetura moderna (*História da Arquitetura Moderna*, São Paulo, Perspectiva, 1976, p. 13).

* * *

Tarefa árdua, sem dúvida, a leitura e análise de *As Sete Lâmpadas da Arquitetura*; extremamente inspiradora, por outro lado. De qualquer forma, é inegável que a obra apresenta um rico manancial de reflexões não só sobre a arquitetura e sua preservação no século XIX, mas – principalmente – sobre os rumos e dilemas atuais que nos cabe enfrentar, a respeito desses mesmos temas.

A Lâmpada da Memória

John Ruskin

I. Entre as horas de sua vida que este escritor rememora com peculiar gratidão – por terem sido marcadas por mais do que a habitual plenitude de alegria ou clareza de ensinamento –, está aquela passada, já há alguns anos, perto do momento do pôr do sol, entre os maciços irregulares de floresta de pinheiros que orlam o curso do Ain, sobre a aldeia de Champagnole, no Jura. É um lugar que tem toda a solenidade, mas nada da selvageria, dos Alpes; onde existe uma sensação de um grande poder começando a manifestar-se na terra, e de uma harmonia profunda e majestosa no ascender das longas e baixas linhas das colinas de pinheiros; a primeira expressão daquelas poderosas sinfonias das montanhas, que logo se elevarão mais alto e se despedaçarão de modo indômito contra as ameias dos Alpes. Mas a sua força ainda está contida; e os cumes distantes de montanhas pastorais se sucedem uns aos outros, como a longa e suspirante ondulação que move águas tranquilas vindas de algum distante mar tempestuoso. E existe uma profunda ternura perpassando aquela vasta monotonia. As forças destrutivas e a expressão severa das cadeias centrais encontram-se igualmente recolhidas. Nenhum caminho de antiga geleira sulcado pela geada ou obstruído pela terra perturba as macias pastagens do Jura; nenhuma pilha estilhaçada de escombros interrompe as fileiras regulares de suas florestas; nenhum rio furioso, entrincheirado ou pálido, rasga seu percurso rude e instável entre suas pedras. Pacientemente, redemoinho por redemoinho, as claras correntes verdejantes serpenteiam em seus leitos bem conhecidos; e sob a quietude escura dos pinheiros impassíveis brota, ano após ano, tal quantidade de flores alegres como eu não conheço igual entre as bênçãos da terra. Era primavera, também; e todas estavam desabrochando em cachos, apinhadas por puro amor; havia espaço para todas, mas elas imprensavam suas folhas nas mais estranhas formas, apenas para ficarem mais próximas umas das outras. Havia a anêmona dos bosques, estrela após estrela, agrupando-se aqui e ali em nebulosas; e havia a oxalídea, tropa após tropa, como as procissões virginais do Mês de Maria, transbordando das escuras fendas verticais na pedra calcária como se fosse neve pesada, tocada pela hera nas bordas – hera tão delicada e adorável como a vinha; e, de vez em quando, um jorro azul de violetas, e prímulas em lugares ensolarados; e nos espaços mais abertos, a ervilhaca, o confrei, o mezereão, e os pequenos botões cor de safira da Polígala Alpina, e o morango silvestre, apenas uma florescência ou duas, tudo salpicado em meio à macieza dourada do musgo de uma cor de âmbar quente e profunda. Eu então atingi a beira do desfiladeiro: o murmúrio solene das suas águas elevou-se subitamente de baixo, misturado com a canção dos tordos entre os ramos de pinheiro; e, do outro lado do vale, que parecia emparedado por penhascos cinzentos de calcário, um gavião voava lentamente sobre os cimos, quase os tocando com suas asas, com as sombras dos pinheiros adejando sobre a sua plumagem; mas com a escarpa de cem braças sob o seu peito, e os poços encrespados do rio verde deslizando e cintilando vertiginosamente debaixo dele, suas bolhas de espuma movendo-se com ele em seu voo. Seria difícil conceber uma cena menos dependente de qualquer outro propósito do que de sua própria beleza séria e erma; mas o autor se lembra bem do repentino vazio e frieza que foram lançados sobre ela quando tentou, para identificar mais precisamente as fontes de sua magnificência, imaginá-la por um momento como uma cena de alguma floresta nativa do Novo Continente. As flores imediatamente perderam seu brilho, o rio a sua música; as colinas tornaram-se opressivamente desoladas; o peso dos ramos da floresta escurecida mostrou quanto do seu poder anterior dependera de uma vida que não era sua; quanto da glória da imortal – ou continuamente renovada – criação é um reflexo de coisas mais preciosas do que ela para serem lembradas, em sua renovação. Aquelas flores sempre a desabrochar e ribeirões sempre a correr tinham sido tingidos pelas cores profundas da persistência, do valor e da virtude humanas; e as cristas das colinas escuras destacadas contra o céu vespertino mereceram uma veneração mais profunda, porque suas sombras distantes se projetavam a leste sobre a muralha de ferro de Joux, e sobre a torre quadrada de Granson[1].

II. É como centralizadora e protetora dessa influência sagrada, que a Arquitetura deve ser considerada por nós com a maior seriedade. Nós podemos viver sem ela, e orar sem ela, mas não podemos rememorar sem ela. Como é fria toda a história, como é sem vida toda fantasia, comparada àquilo que a nação viva escreve, e o mármore incorruptível ostenta! – quantas páginas de registros duvidosos não poderíamos nós dispensar, em troca de algumas pedras empilhadas umas sobre as outras! A ambição dos construtores da velha Babel voltava-se diretamente para esse mundo: há apenas dois fortes vencedores do esquecimento dos homens, Poesia e Arquitetura; e a última de alguma forma inclui a primeira, e é mais poderosa na sua realidade: é bom ter ao alcance não apenas o que os ho-

---

1. Ao mencionar a fortaleza de Granson, Ruskin assinala a presença humana naquela região, impregnando-a de virtudes humanas – impossíveis de serem encontradas na natureza desolada do Novo Continente.

mens pensaram e sentiram, mas o que suas mãos manusearam, e sua força forjou, e seus olhos contemplaram, durante todos os dias de suas vidas. A época de Homero está envolta em escuridão, sua própria personalidade, em dúvida. O mesmo não acontece com a época de Péricles: e está próximo o dia em que nós admitiremos ter aprendido mais sobre a Grécia através dos fragmentos esfacelados de suas esculturas do que de seus doces trovadores ou historiadores soldados.

> AFORISMO 27.
> A Arquitetura deve ser feita histórica e preservada como tal.

E se de fato houver algum proveito em nosso conhecimento do passado, ou alguma alegria na ideia de sermos lembrados no futuro, que possa fortalecer o esforço presente, ou dar alento à presente resignação, há dois deveres em relação à nossa arquitetura nacional cuja importância é impossível superestimar: o primeiro, tornar a arquitetura atual, histórica; e o segundo, preservar, como a mais preciosa de todas as heranças, aquela das épocas passadas.

III. É em relação à primeira dessas duas orientações que a Memória pode ser verdadeiramente considerada como a Sexta Lâmpada da Arquitetura; pois, é ao se tornarem memoriais ou monumentais que os edifícios civis e domésticos atingem uma perfeição verdadeira; e isso em parte por eles serem, com tal intento, construídos de uma maneira mais sólida, e em parte por suas decorações serem consequentemente inspiradas por um significado histórico ou metafórico.

Com relação aos edifícios domésticos, costuma sempre haver uma certa limitação para intenções desse tipo nos poderes, assim como nos corações, dos homens; mesmo assim só posso considerar como um mau presságio para um povo quando suas casas são construídas para durar por uma geração apenas. Existe uma santidade na casa de um homem de bem que não pode ser renovada em qualquer moradia levantada sobre as suas ruínas; e acredito que os homens honrados sentem isso, em geral: que, tendo vivido suas vidas feliz e honradamente, eles ficariam desgostosos, ao fim de seus dias, ao pensar que o lugar do seu domicílio terrestre, que testemunhou, e pareceu mesmo compartilhar, sua honra, suas alegrias, ou seu sofrimento, – que esse lugar, com toda a história que revelava deles, e de todas as coisas materiais que eles amaram e possuíram , e sobre as quais deixaram sua marca – seria arrasado, assim que houvesse lugar para eles no túmulo; que nenhum respeito seria demonstrado para com tal lugar, nenhuma afeição conferida a ele, nenhum bem a ser extraído dele por seus filhos; que embora houvesse um monumento para eles na igreja, não havia nenhum monumento afetuoso em seu lar e moradia; que tudo o que sempre prezaram seria desdenhado, e que os lugares que os abrigaram e confortaram seriam reduzidos a pó. Eu penso que um homem de bem temeria isso; e que, mais ainda, um bom filho, um descendente honrado, temeria fazer isso à casa de seu pai.

AFORISMO 28.
A santidade do lar, para
homens de bem.

Creio que, se os homens vivessem de fato como homens, suas casas seriam templos – templos que nós nunca nos atreveríamos a violar, e que nos fariam sagrados se nos fosse permitido morar neles; e que deve haver uma estranha dissolução do afeto natural, uma estranha ingratidão para com tudo que os lares propiciaram e os pais ensinaram, uma estranha consciência de que nós não fomos fiéis à honra de nossos pais, ou de que as nossas próprias vidas não são dignas de tornar nossas moradias sagradas para nossos filhos, quando cada homem se resigna a construir para si próprio, e para a curta duração de sua própria vida apenas. E olho para essas lastimáveis concreções de cal e argila que brotam, precocemente emboloradas, dos campos comprimidos em volta da nossa capital – para essas cascas finas, instáveis, sem fundações, de lascas de madeira e imitação de pedra; para essas fileiras esquálidas de mesquinhez formalizada, semelhantes sem diferença e sem solidariedade, tão solitárias quanto similares – não apenas com a repugnância indiferente da visão ofendida, não apenas com pesar diante de uma paisagem profanada, mas com um penoso pressentimento de que as raízes de nossa grandeza nacional devem estar profundamente carcomidas quando elas estão assim tão frouxamente cravadas em seu solo natal; de que essas habitações sem conforto e sem dignidade são os sinais de um grande e crescente espírito de descontentamento popular; de que indicam um tempo em que a aspiração de cada homem é estar em qualquer esfera mais elevada do que aquela que lhe é natural, e que a vida passada de cada homem é seu objeto de desprezo habitual; quando os homens constroem na esperança de abandonar os lugares que construíram, e vivem na esperança de esquecer os anos que viveram; quando o conforto, a paz, a religião do lar cessaram de ser sentidos; e as habitações apinhadas de uma população combativa e inquieta só diferem das tendas dos árabes ou dos ciganos por serem menos saudavelmente abertas aos ares do céu, e por sua menos feliz escolha de seu lugar na terra; pelo seu sacrifício da liberdade sem o ganho do repouso, e da estabilidade sem o privilégio da mudança.

IV. Esse não é um mal insignificante, sem consequências; é ameaçador, infeccioso, e fértil em outros erros e infortúnios. Quando os homens não amam seus lares, nem reverenciam a soleira de suas portas, é um sinal de que desonraram a ambos, e de que nunca se deram conta da verdadeira universalidade daquele culto cristão que deveria de fato superar a idolatria do pagão, mas não sua devoção. Nosso Deus é um Deus do lar, tanto quanto do céu; Ele tem um altar na morada de cada homem; que os homens estejam atentos quando destruírem-na levianamente e jogarem fora suas cinzas. Não é uma questão de mero deleite visual, não é questão de orgulho intelectual, ou de capricho sofisticado e crítico, a maneira como, e com qual aspecto de durabilidade e de perfeição, as construções domésticas de uma nação devem ser erguidas. É um daqueles deveres morais que não deve ser negligenciado mais impunemente – porque sua percepção depende de uma consciência sutilmente afinada e equilibrada –, o de construir nossas moradias com cuidado, paciência e amor, e perfeição diligente, com vistas à sua duração ao menos por um período tal que, no curso usual dos ciclos nacionais, possa-se supor que perdure até a completa alteração de direção dos interesses locais. Isso, no mínimo; mas seria melhor se, em todas as instâncias possíveis, os homens construíssem suas próprias casas numa escala mais compatível com sua situação inicial, do que com suas realizações ao final de sua carreira mundana; e construíssem-nas para durar tanto quanto se pode esperar que dure a mais robusta obra humana; registrando para seus filhos o que eles foram, e de onde – se isso lhes tiver sido permitido – eles ascenderam. E quando as casas forem assim construídas, poderemos ter aquela verdadeira arquitetura doméstica, que dá origem a todas as outras, que não desdenha tratar com respeito e consideração a pequena habitação, tanto quanto a grande, e que investe com a dignidade da humanidade satisfeita a estreiteza das circunstâncias mundanas[2].

2. Em sua autobiografia *Praeterita*, Ruskin afirma cedo ter tido consciência de sua afinidade para com coisas humildes, modestas e puras; que sempre preferiu as moradias rurais (*cottages*) aos castelos; e que, em sua primeira viagem à Floresta Negra, teve a confirmação dessas preferências diante da moradia rural da região, o chalé alpino (*Swiss cottage*), "esculpido com sofisticação pela alegria da vida camponesa, duradouro, imóvel à sombra dos pinheiros em sua terra ancestral, – sem ser atacado e sem atacar, na graça da pobreza virtuosa, da paz religiosa". Ver excertos publicados em David Carrier, *England and Its Aesthetes: Biography and Taste*, Amsterdam, G+B Arts International, 1997, pp. 29 e 35 (N. da T.).

V. Considero esse espírito de autodomínio nobre, orgulhoso e pacífico, essa plácida sabedoria da vida satisfeita, como provavelmente uma das maiores fontes de grande poder intelectual de todas as épocas e, sem dúvida, a fonte primordial da grande arquitetura da velha Itália e da França. Até hoje, a atração de suas mais belas cidades reside não na riqueza isolada de seus palácios, mas na decoração requintada e cuidadosa das menores moradias de seus períodos de maior esplendor. A mais elaborada peça de arquitetura em Veneza é uma pequena casa no começo do Grande Canal, consistindo de um piso térreo e dois andares superiores, com três janelas no primeiro piso e duas no segundo. Muitos dos mais refinados edifícios se encontram nos canais mais estreitos, e não têm dimensões maiores. Uma das mais interessantes peças da arquitetura do século XV no Norte da Itália é uma pequena casa numa rua secundária, atrás da praça do mercado de Vicenza; ostenta a data de 1481, e o lema *Il n'est rose sans épine*[3]; também possui apenas um piso térreo e dois andares, com três janelas em cada, separados por uma rica decoração floral, e com balcões, o central sustentado por uma águia com asas abertas, os laterais por grifos alados apoiados em cornucópias. A ideia de que uma casa precisa ser grande para poder ser bem construída é de origem inteiramente moderna, e tem paralelo na ideia de que nenhuma pintura pode

---

3. Em francês no original: *Não há rosa sem espinho.* (N. da T.)

ser histórica, exceto se seu tamanho admitir figuras maiores do que o natural.

VI. Gostaria, então, que nossas casas de moradia usuais fossem construídas para durar e construídas para serem belas; tão ricas e cheias de atrativo quanto possível, por dentro e por fora; com qual grau de semelhança entre si em estilo e maneira, direi em breve, em outro tópico[4]; mas, de todas as formas, com diferenças tais que estejam de acordo com, e expressem, o caráter e ocupação de cada homem, e parte de sua história. Esse direito sobre a moradia, creio, pertence a seu primeiro construtor e deve ser respeitado por seus filhos; seria desejável deixar pedras sem inscrição em determinados lugares, para nelas inscrever um resumo de sua vida e sua experiência, elevando assim a habitação a uma espécie de monumento, desenvolvendo, de forma mais sistematicamente educativa, aquele bom costume há muito universal, e que ainda permanece entre alguns dos suíços e alemães, de reconhecer a graça de Deus na permissão para construir e possuir um refúgio sereno, em palavras tão doces que podem bem concluir nossa menção a tais coisas. Copiei-as da fachada de um chalé construído recentemente nas pastagens verdes que descem da aldeia de Grindelwald para a geleira inferior:

---

4. O assunto é retomado por Ruskin no capítulo seguinte, "A Lâmpada da Obediência", especialmente seções VI e VII.

62 • John Ruskin

Mit herzlichen Vertrauen
Hat Johannes Mooter und Maria Rubi
Dieses Haus bauen lassen.
Der liebe Gott woll uns bewahren
Vor allem Unglück und Gefahren,
Und es in Segen lassen stehn
Auf der Reise durch diese Jammerzeit
Nach dem himmlischen Paradiese,
Wo alle Frommen wohnen,
Da wird Gott sie belohnen
Mit der Friedenskrone
Zu alle Ewigkeit[5].

VII. Em edifícios públicos a intenção histórica deveria ser ainda mais precisa. Uma das vantagens da arquitetura gótica – uso o termo gótico no sentido mais amplo de oposição genérica ao clássico – é que ela admite uma riqueza de registros totalmente ilimitada. Suas decorações escultóricas minuciosas e múltiplas proporcionam meios de expressar, seja simbólica ou literalmente, tudo o que precisa ser conhecido do sentimento ou das realizações da nação. Mais decoração, de fato, será requerida do que é preciso para tão elevado fim; e muito, mesmo nos períodos mais austeros, foi deixado à liberdade de imaginação, ou constituiu de

---

5. Em alemão no original: "Com afetuosa confiança / Johannes Mooter e Maria Rubi / Fizeram construir esta casa. / Queira nosso amado Deus nos proteger / De toda a infelicidade e perigos, / E mantê-la [a casa] abençoada. / Na viagem através deste vale de lágrimas / Ao Paraíso celeste, / Onde habitam todos os piedosos, / Lá Deus os recompensará / Com a coroa da paz, / Por toda a eternidade". (N. da T., que agradece Paulo M. Kühl e Lucia Becker Carpena pela tradução do texto alemão.)

meras repetições de algum símbolo ou emblema nacional. É, entretanto, geralmente insensato abdicar do poder e do privilégio da variedade que o espírito da arquitetura gótica admite, mesmo em meros ornamentos de superfície; mais ainda em elementos importantes – capitéis de colunas ou pedras-chave[6], e frisos, e, naturalmente, em todos os baixos-relevos visíveis. É preferível a obra mais rude que conta uma história ou registra um fato, do que a mais rica sem significado. Não se deveria colocar um único ornamento em grandes edifícios cívicos, sem alguma intenção intelectual. A representação real da história tem sido, em tempos modernos, impedida por uma dificuldade, banal de fato, mas permanente; a da vestimenta indócil[7]: todavia, através de um tratamento imaginativo suficientemente corajoso, e franco uso dos símbolos, todos esses obstáculos podem ser vencidos; talvez não no grau necessário para produzir escultura satisfatória por si só, mas de qualquer modo para habilitá-la a tornar-se um grandioso e expressivo elemento da composição arquitetônica. Consideremos, por exemplo, o tratamento dos

---

6. Usualmente traduzida por relevo, ou bossagem, a palavra *boss* originalmente empregada aqui é definida com o significado específico de pedra-chave por Augustus Welby Northmore Pugin, em *The True Principles of Pointed or Christian Architecture*, London, Henry G. Bohn, 1853, p. 6. (N. da T.)

7. No original, *unmanageable costume*. Ao que parece, no contexto deste parágrafo, Ruskin se refere à dificuldade – tanto técnica quanto expressiva – dos escultores contemporâneos seus no tratamento das roupas e panejamentos. (N. da T.)

capitéis do palácio ducal em Veneza. A história, propriamente dita, fora efetivamente confiada aos pintores de seu interior, mas cada capitel de suas arcadas foi carregado de significado. Aquele grande – a pedra angular do conjunto, próximo à entrada –, foi dedicado a simbolizar a Justiça Abstrata; sobre ele encontra-se uma escultura do Julgamento de Salomão, notável pela bela submissão de seu tratamento à sua intenção decorativa. As figuras, se o tema fosse unicamente composto por elas, teriam interrompido de modo inábil a linha do ângulo, e diminuído sua força aparente; por isso no meio delas, inteiramente sem relação com elas, e exatamente entre o carrasco e a mãe suplicante, irrompe o tronco rugoso de uma volumosa árvore, que reforça e continua o fuste da coluna do ângulo, cujas folhas acima dominam e enriquecem o conjunto. O capitel, abaixo, porta entre sua folhagem uma figura entronizada da Justiça, Trajano fazendo justiça à viúva, Aristóteles *che die legge*[8], e um ou dois personagens atualmente irreconhecíveis devido à deterioração. Os capitéis seguintes representam sucessivamente as virtudes e os vícios, mantenedores ou destruidores da paz e do poder nacionais, terminando com a Fé, com a inscrição **Fides optima in Deo est**. Vê-se uma figura do outro lado do capitel, adorando o sol. Depois

---

8. Em italiano, com essa grafia no original; textualmente, a expressão significa "Aristóteles que deu a lei", no sentido de Aristóteles que formula, que enuncia, que ministra a lei. (N. da T., que agradece Luciano Migliaccio e Simona Salvo pelos esclarecimentos.)

desses, um ou dois capitéis são decorados de modo imaginoso com pássaros (Prancha 5), e, então, vem uma série representando, primeiro as várias frutas, a seguir os trajes nacionais, e, por fim, os animais dos vários estados sujeitos ao domínio de Veneza.

VIII. Agora, para não falar de outros edifícios públicos mais importantes, imaginemos a nossa própria *India House* adornada dessa maneira, com escultura simbólica ou histórica: maciçamente construída, para começar; depois esculpida com baixos-relevos sobre nossas batalhas indianas, e ornada com entalhes de folhagem oriental, ou com incrustações de pedras orientais; os mais importantes elementos de sua decoração compostos de grupos da vida e da paisagem indianas, destacando de modo proeminente os fantasmas do culto hindu em sua submissão à Cruz. Não seria uma tal obra melhor do que mil histórias? Se, entretanto, não possuírmos a inventividade necessária para tais esforços, ou se – o que constitui provavelmente uma das mais nobres desculpas que nós podemos oferecer para nossa deficiência em tais assuntos –, temos menos prazer em falar sobre nós próprios, mesmo através do mármore, do que as nações continentais, pelo menos não temos desculpa para qualquer falta de zelo nos aspectos que asseguram a durabilidade do edifício. Como essa questão é de grande interesse em suas relações quanto à escolha das várias formas de decoração, será necessário abordá-la com certo detalhe.

IX. Os cuidados e propósitos benevolentes das massas humanas raramente se estendem para além da sua própria geração. Elas podem olhar para a posteridade como uma audiência, podem esperar por sua atenção, e trabalhar para seu louvor: podem confiar em seu reconhecimento de méritos até então desapercebidos, e exigir sua justiça pelos erros contemporâneos. Mas tudo isso é mero egoísmo e não envolve o menor respeito ou consideração pelos interesses daqueles cujo número incluiríamos com prazer no círculo de nossos aduladores, e cuja autoridade nós de bom grado invocaríamos em defesa de reivindicações ora contestadas.

> AFORISMO 29.
> A terra é um legado inalienável, não uma propriedade.

A ideia de autorrenúncia em nome da posteridade, de praticar hoje a economia em nome de credores que ainda não nasceram, de plantar florestas em cuja sombra possam viver nossos descendentes, ou de construir cidades para serem habitadas por futuras nações, nunca, creio eu, inclui-se de fato entre os motivos de empenho publicamente reconhecidos. Todavia, esses não deixam de ser nossos deveres; nem será nosso quinhão sobre a terra adequadamente mantido, se o escopo de nosso pretendido e deliberado proveito não incluir apenas os companheiros, mas também os sucessores de nossa peregrinação. Deus nos emprestou a terra para a nossa vida; é uma grande responsabilidade. Ela pertence tanto àqueles que virão depois de nós, e cujos nomes já estão escritos no livro da criação, como a nós; e não temos direito, por qualquer coisa que façamos ou negligenciemos, de envolvê-los em prejuízos desnecessá-

rios, ou privá-los de benefícios cujo legado nos compete. E isso tanto mais, porque constitui uma das condições prescritas do trabalho humano que a plenitude da fruta seja proporcional ao tempo transcorrido entre o plantio das sementes e a colheita; e que geralmente, portanto, quanto mais distante colocarmos nossa meta, e quanto menos aspirarmos a testemunhar, nós mesmos, o resultado de nosso trabalho, tanto mais abrangente e rica será a medida do nosso sucesso. Os homens não são capazes de beneficiar aqueles que estão com eles tanto quanto podem beneficiar os que virão depois deles; e de todos os púlpitos a partir dos quais a voz humana se faz ouvir, de nenhum ela alcança tão longe quanto do túmulo.

X. Não há, de fato, qualquer prejuízo para o presente, a esse respeito, em favor do futuro. Toda a ação humana ganha em honra, em graça, em toda a verdadeira magnificência, por sua consideração pelas coisas que virão. É a visão distante, a paciência serena e confiante, que, acima de todos os outros atributos, distancia o homem do homem, e o aproxima de seu Criador; não existe ação ou arte, cuja grandeza não possa ser medida por esse critério. Assim, quando construirmos, lembremo-nos de que construímos para sempre. Que não seja para o deleite presente, nem para o uso presente apenas; que seja uma obra tal que nossos descendentes nos sejam gratos por ela; que nós pensemos, enquanto colocamos pedra sobre pedra, que virá um tempo em que aquelas pedras serão consi-

68 • John Ruskin

deradas sagradas porque nossas mãos as tocaram, e que os homens dirão ao contemplar a obra e a matéria trabalhada, "Vejam! Nossos pais fizeram isso por nós".

> **AFORISMO 30.**
> A maior glória de um edifício está em sua unidade.

Pois, de fato, a maior glória de um edifício não está em suas pedras, ou em seu ouro. Sua glória está em sua Idade, e naquela profunda sensação de ressonância, de vigilância severa, de misteriosa compaixão, até mesmo de aprovação ou condenação, que sentimos em paredes que há tempos são banhadas pelas ondas passageiras da humanidade. [Sua glória] Está no seu testemunho duradouro diante dos homens, no seu sereno contraste com o caráter transitório de todas as coisas, na força que – através da passagem das estações e dos tempos, e do declínio e nascimento das dinastias, e da mudança da face da terra, e dos contornos do mar – mantém sua forma esculpida por um tempo insuperável, conecta períodos esquecidos e sucessivos uns aos outros, e constitui em parte a identidade, por concentrar a afinidade, das nações. É naquela mancha dourada do tempo que devemos procurar a verdadeira luz, a cor e o valor da arquitetura; e somente quando um edifício tiver assumido esse caráter – apenas quando ele tiver se imbuído da fama dos homens, e se santificado pelos seus feitos; apenas quando suas paredes tiverem presenciado o sofrimento, e seus pilares ascenderem das sombras da morte – sua existência, mais duradoura do que a dos objetos naturais do mundo ao seu redor, poderá ser agraciada com os mesmos dons de linguagem e de vida que esses possuem.

XI. Com vistas a tal duração, portanto, é que devemos construir; não, certamente, recusando a nós mesmos a alegria da conclusão oportuna do edifício, nem hesitando em conferir-lhe aquelas características que dependem da delicadeza de execução no mais alto grau possível de perfeição, mesmo que saibamos que no curso dos anos tais detalhes forçosamente desaparecerão; mas cuidando para que em obra desse tipo nenhuma qualidade duradoura seja sacrificada, e para que o efeito geral do edifício não dependa de nada que seja perecedouro. Essa seria, de fato, a lei de boa composição em qualquer circunstância, pois a disposição das massas maiores é sempre uma questão mais importante do que o tratamento das menores; mas, em arquitetura, muito desse mesmo tratamento deve ser habilmente proporcional à justa consideração dos prováveis efeitos do tempo: e (o que ainda é mais importante considerar) há uma beleza naqueles efeitos em si próprios, que nada mais pode substituir, e que é sensato levar em consideração e ambicionar. Pois embora, até aqui, estivéssemos falando do sentimento da idade apenas, há uma beleza real em suas marcas, tão grande que tem com frequência constituído o assunto preferido de certas escolas de arte, e que imprimiu nessas escolas o caráter usual e vagamente expresso pelo termo "pitoresco". É importante para o nosso propósito atual determinar o verdadeiro significado dessa expressão, tal como é hoje geralmente usada; pois existe um princípio oriundo desse uso que, ao mesmo tempo em que tem implicitamente constituído a base de muito do que é verdadeiro e justo em nosso julgamento de arte, nunca foi compreendido de forma a tornar-se verdadeiramente proveitoso até agora. Provavelmente nenhuma outra palavra da língua (com exceção de expressões teológicas) se tenha tornado o alvo de controvérsia tão frequente ou tão prolongada; mesmo assim, nenhuma permanece tão vaga em seu significado; assim, parece-me de não pouco interesse investigar a essência daquela ideia de que todos compartilham, e (ao que parece) em relação a coisas semelhantes, mas da qual todas as tentativas de definição resultaram, acredito, ou na mera enumeração dos efeitos e objetos aos quais o termo foi aplicado, ou então em ensaios de abstração mais vãos do que quaisquer outras malfadadas investigações metafísicas. Um crítico de Arte, por exemplo, há pouco expôs seriamente a teoria de que a essência do pitoresco consiste na expressão da "decadência universal". Seria curioso ver o resultado de uma tentativa de ilustrar essa ideia do pitoresco, numa pintura de flores mortas e frutas estragadas; igualmente curioso seria traçar o desenvolvimento de qualquer raciocínio que, baseado em tal teoria, explicasse o caráter mais pitoresco de um filhote de asno, quando comparado a um potrinho. Mas há muitas desculpas para o completo fracasso de raciocínios desse tipo, uma vez que o assunto é, de fato, um dos mais obscuros entre todos os que podem legitimamente ser submetidos à razão humana; a ideia é ela própria tão variada nas mentes de diferentes homens, conforme seus temas de estudo, que não se pode esperar que nenhuma

A Lâmpada da Memória • 71

definição abarque mais do que um certo número de suas infinitamente variadas formas.

XII. Aquela característica peculiar, entretanto, que distingue o pitoresco das características dos temas que pertencem a esferas de arte mais altas (e isso é tudo o que é necessário definir, no momento), pode ser expressa de forma breve e conclusiva. O pitoresco é, nesse sentido, a *Sublimidade Parasitária*[9]. Claro que toda a sublimidade, assim como toda a beleza, é, no sentido etimológico simples, pitoresca, isto é, própria para se tornar o tema de uma pintura; e toda a sublimidade é, mesmo no sentido peculiar que tento desenvolver aqui, pitoresca, em comparação com a beleza; isso quer dizer que os temas de Michelangelo são mais pitorescos do que os de Perugino, em relação à preponderância do elemento sublime sobre o belo. Mas aquela característica, cuja busca excessiva se considera geralmente aviltar a arte, é a sublimidade *parasitária*; ou seja, uma sublimidade que depende de acidentes, ou das características menos essenciais, dos objetos aos quais pertence; o pitoresco *desenvolve-se inconfundivelmente na proporção exata de sua distância do centro conceitual daqueles aspectos de caráter nos quais a sublimidade é encontrada.*

---

9. Embora pouco usual em português, deu-se preferência ao termo *sublimidade* – ou "qualidade daquilo que é sublime" – como tradução literal do original em inglês *sublimity*, para maior fidelidade na tradução. De resto, trata-se de termo bastante usual na literatura inglesa do período, como por exemplo nos romances de Jane Austen. (N. da T.)

Assim, duas ideias são essenciais para o pitoresco – a primeira, aquela da sublimidade (pois a beleza pura não é nada pitoresca, e só assume tal caráter na medida em que o elemento sublime se mistura com ela); a segunda, a posição subordinada ou parasitária de tal sublimidade. Portanto, é claro que quaisquer características de linha, ou sombra, ou expressão, que produzam sublimidade, produzirão também o pitoresco; quais são essas características é o que tentarei demonstrar detalhadamente, daqui por diante; mas, entre aquelas usualmente reconhecidas, posso mencionar linhas angulares e quebradas, oposições vigorosas de luz e sombra, e cores escuras, profundas, ou fortemente contrastadas; todas essas características produzirão efeito em grau ainda maior, quando – por semelhança ou associação – elas nos relembrarem de objetos nos quais a sublimidade verdadeira e essencial existe, como rochedos e montanhas, nuvens tempestuosas ou ondas. Agora, se essas características, ou quaisquer outras de uma sublimidade mais alta e mais abstrata, forem encontradas no próprio âmago e substância daquilo que nós contemplamos – assim como a sublimidade de Michelangelo depende da expressão da qualidade mental de suas figuras, muito mais do que das próprias linhas nobres de sua disposição –, a arte que representa tais qualidades não pode ser corretamente chamada de pitoresca: mas, se elas forem encontradas nas qualidades acidentais ou externas, o resultado será o inconfundível pitoresco.

XIII. Assim, no tratamento das feições da face humana por Francia ou Angélico, as sombras são empregadas apenas para tornar os contornos das feições claramente percebidas; é para essas mesmas feições que a atenção do observador é exclusivamente dirigida (isto é, para as características essenciais da coisa representada). Toda a força e toda a sublimidade residem nelas; as sombras são usadas apenas para destaque das feições. Ao contrário, em Rembrandt, Salvator, ou Caravaggio, as feições são usadas *por causa das sombras*; e a atenção é dirigida, assim como a energia do pintor, para características de luz e sombra acidentais, lançadas sobre aquelas feições, ou em torno delas. No caso de Rembrandt, encontra-se frequentemente, além do mais, uma sublimidade essencial em invenção e expressão, e sempre um alto grau dela na luz e na própria sombra; mas se trata, na maioria das vezes, da sublimidade parasitária ou enxertada em relação ao tema da pintura, e, nessa mesma medida, pitoresca.

XIV. Por outro lado, no tratamento das esculturas do Partenon, a sombra é frequentemente empregada como um campo escuro sobre o qual as formas são desenhadas. Esse é visivelmente o caso nas métopas, e deve ter sido praticamente o mesmo no frontão. Mas o uso daquela sombra se destina inteiramente a mostrar os limites das figuras; é para as *suas linhas*, e não para as formas das sombras atrás delas, que a arte e o olho são dirigidos. As próprias figuras são concebidas, tanto quanto possível, em plena luz, auxiliadas por reflexos brilhantes; são desenhadas exatamente como as figuras brancas sobre fundo escuro, nos vasos; e os escultores dispensaram – ou mesmo se esforçaram para evitar –, todas as sombras que não fossem absolutamente necessárias para a explicitação da forma. Ao contrário, na escultura gótica, a sombra torna-se ela própria o objeto de atenção. É considerada como uma cor escura, a ser disposta em determinadas massas agradáveis; as figuras são muito frequentemente executadas de forma subordinada à disposição das suas áreas: seu traje é enriquecido em detrimento das formas recobertas, para aumentar a complexidade e a variedade dos pontos de penumbra. Existem, assim, tanto em escultura quanto na pintura, duas escolas opostas, por assim dizer, das quais uma busca como tema as formas essenciais das coisas, e a outra, as luzes e sombras acidentais sobre elas. Há vários estágios nessa oposição: graus intermediários, como nas obras de Correggio, e todas as gradações de nobreza ou degradação nas mais variadas formas: mas a primeira é sempre reconhecida como a escola pura, e a outra, como a escola pitoresca. Partes de tratamento pitoresco serão encontradas em obras gregas, e de puro e não-pitoresco no gótico; e em ambas há inumeráveis exemplos, entre os quais se destacam as obras de Michelangelo, nos quais as sombras se tornam valiosas como meio de expressão e, portanto, alinham-se entre as características essenciais. Sobre essas numerosas distinções e exceções não posso alongar-me agora, desejando apenas provar a ampla aplicabilidade da definição geral.

XV. Por outro lado, pode-se encontrar uma distinção, não apenas entre formas e sombras como temas de escolha, mas entre formas essenciais e não-essenciais. Encontra-se uma das principais distinções entre as escolas de escultura dramática e pitoresca no tratamento do cabelo. Este era considerado pelos artistas do tempo de Péricles uma excrescência, indicada por poucas e rudes linhas, e subordinada, em cada detalhe, às características principais da pessoa. Quão completamente essa era uma ideia artística, e não nacional, é desnecessário provar. Precisamos apenas lembrar da atividade dos Lacedemônios, relatada pelo espião persa na véspera da batalha das Termópilas, ou lançar um rápido olhar em qualquer descrição homérica da forma ideal, para ver quão puramente *escultural* era a norma que restringia a representação da cabeleira, afim de que, dadas as desvantagens inerentes ao material, ela não interferisse na clareza das formas pessoais. Ao contrário, na escultura posterior, os cabelos recebem quase todas as atenções do artífice; e, enquanto as feições e os membros são desajeitada e toscamente executados, os cabelos são cacheados e trançados, recortados em saliências audazes e sombrias, e arranjados em massas ornamentais elaboradas: existe verdadeira sublimidade nas linhas e no claro-escuro dessas massas, mas ela é, em relação à criatura representada, parasitária, e portanto pitoresca. No mesmo sentido, podemos compreender a aplicação do termo à moderna pintura de animais, que se tem distinguido por uma peculiar atenção às cores, brilho, e textura do pelo; não é somente na arte que a definição se prova adequada. Nos próprios animais, quando sua sublimidade depende de suas formas ou movimentos musculares, ou de outros atributos necessários e principais, como acontece principalmente com os cavalos, não os denominamos pitorescos, mas os consideramos particularmente aptos a serem associados com temas puramente históricos. Exatamente na proporção em que seu caráter sublime se revela em excrescências – na juba, como no leão; nos chifres, como no veado; na pelagem áspera, como no acima mencionado exemplo do filhote de asno; nas listras, como na zebra; ou na plumagem –, eles se tornam pitorescos, e são assim na arte exatamente na proporção da proeminência dessas características secundárias. Muitas vezes, pode ser muito conveniente que sejam tão proeminentes; com frequência há nelas o mais alto grau de majestade, como nas características do leopardo e do javali; e nas mãos de homens como Tintoretto e Rubens, tais atributos se tornam meios de aprofundar as mais altas e as mais ideais impressões. Mas o sentido pitoresco de seus intentos é sempre claramente reconhecível como aderente à superfície, à característica menos essencial, e desenvolvendo daí uma sublimidade diversa daquela da própria criatura; uma sublimidade que é, de certa forma, comum a todos os objetos da criação, e sempre a mesma nos seus elementos constituintes, sejam eles procurados nas rugas e dobras das pelagens hirsutas, ou nos abismos e fendas das rochas, ou no vicejar do mato nas encostas das colinas, ou nas alternâncias de vivacidade e tristeza no colorido da concha, da pena, ou da nuvem.

XVI. Agora, retornando ao nosso assunto principal, ocorre que, em arquitetura, a beleza acessória e acidental é muito frequentemente incompatível com a preservação do caráter original [da obra]; o pitoresco é assim procurado na ruína, e supõe-se que consista na deterioração. Sendo que, mesmo buscado aí, trata-se apenas da sublimidade das fendas, ou fraturas, ou manchas, ou vegetação, que assimilam a arquitetura à obra da Natureza, e conferem a ela aquelas particularidades de cor e forma que são universalmente caras aos olhos dos homens. Na medida em que isso acarreta o desaparecimento das verdadeiras características da arquitetura, trata-se do pitoresco, e o artista que presta mais atenção na haste da hera do que no fuste da coluna realiza com mais ousado atrevimento a preferência do escultor decadente pela cabeleira em vez do semblante. Mas na medida em que possa tornar-se compatível com o caráter inerente da arquitetura, o pitoresco ou a sublimidade extrínseca terá exatamente essa função, mais nobre nela do que em qualquer outro objeto: a de evidenciar a idade do edifício – aquilo que, como já foi dito, constitui sua maior glória; e, portanto, os sinais exteriores dessa glória, tendo poder e finalidade mais importantes do que quaisquer outros pertencentes a sua mera beleza sensível, podem colocar-se entre suas características mais puras e essenciais; tão essenciais, em minha opinião, que penso que não se pode considerar que um edifício tenha atingido sua plenitude antes do decurso de quatro ou cinco séculos; e que todas as escolhas e disposição de seus detalhes [construtivos] deveriam levar em conta sua aparência depois de um tal período, de modo a não admitir nenhum que fosse suscetível ao dano material necessariamente imposto por esse lapso de tempo, seja pelas manchas de exposição às intempéries, seja pelo desgaste mecânico.

XVII. Não é minha intenção abordar nenhuma das questões que a aplicação desse princípio envolve. Elas são de um interesse e uma complexidade grandes demais para serem apenas tocados dentro de meus presentes limites; mas se deve genericamente notar que aqueles estilos de arquitetura, que são pitorescos no sentido explicado acima a respeito da escultura, isto é, cuja decoração depende da disposição dos pontos de sombra mais do que da pureza de contorno, não apenas não são prejudicados, como, ao contrário, geralmente se beneficiam de riqueza de efeito quando seus detalhes são parcialmente desgastados; por isso tais estilos, principalmente aqueles do gótico francês, sempre devem ser adotados quando os materiais a serem empregados forem sujeitos a deterioração, tais como o tijolo, o arenito, ou a macia pedra calcária; e os estilos dependentes em qualquer grau da pureza da linha, como o gótico italiano, devem ser totalmente executados em materiais duros e não degradáveis, tais como o granito, a serpentina e os már-

A Lâmpada da Memória • 79

mores cristalinos. Não pode haver dúvida de que a natureza dos materiais disponíveis tenha influenciado a formação de ambos os estilos; e ela deveria determinar com mais autoridade ainda nossa escolha entre ambos.

XVIII. Não faz parte de meu presente plano entrar em alongadas considerações sobre a segunda categoria de deveres que mencionei anteriormente: a preservação da arquitetura que possuímos[10]; mas algumas poucas palavras podem ser desculpadas, por serem especialmen-

AFORISMO 31.
A assim chamada Restauração é a pior forma de Destruição.

te necessárias nos tempos modernos. *Nem pelo público, nem por aqueles encarregados dos monumentos públicos,* *o verdadeiro significado da palavra restauração é compreendido. Ela significa a mais total destruição que um edifício pode sofrer: uma destruição da qual não se salva nenhum vestígio: uma destruição acompanhada pela falsa descrição da coisa destruída[11]. Não nos deixemos enganar nessa importante questão; é impossível, tão impossível quanto ressuscitar os mortos, restaurar qualquer coisa que já tenha sido grandiosa ou bela em arquitetura. Aquilo sobre o que insisti acima como sendo a vida do conjunto, aquele espírito que só pode ser dado pela mão ou pelo olhar do artífice, não pode ser restituído nunca.*

---

10. Como se vê, Ruskin refere-se ainda ao Aforismo 27; assim, tudo o que abordou até agora diz respeito à primeira categoria de deveres aí sugerida, isto é, tornar histórica a arquitetura contemporânea. (N. da T.)

11. Falsa, também, como uma paródia, – a mais odiosa forma de falsidade. (Nota do Autor acrescentada à edição de 1880.)

Uma outra alma pode ser-lhe dada por um outro tempo, e será então um novo edifício; mas o espírito do artífice morto não pode ser invocado, e intimado a dirigir outras mãos e outros pensamentos. E quanto à cópia direta e simples, ela é materialmente impossível. Como se podem copiar superfícies que se desgastaram em meia polegada? Todo o acabamento da obra estava naquela meia polegada que se foi; se você tentar restaurar aquele acabamento, você o fará por conjecturas; se você copiar o que permanece – admitindo ser possível a fidelidade (e que cuidado, ou precaução, ou despesa pode garantir isso?) –, como pode a nova obra ser melhor do que a antiga? Havia ainda na antiga alguma vida, alguma sugestão misteriosa do que ela fora, e do que ela perdera; alguma doçura nas linhas suaves que a chuva e o sol lavraram. Não pode haver nenhuma na dureza bruta da nova talha. Observe os animais que apresentei na Prancha 14, como um exemplo de obra viva, e suponha que, tendo sido apagadas as marcas das escamas e do pelo, ou as dobras da fronte, quem seria capaz de restaurá-las? O primeiro passo para a restauração (já o testemunhei várias vezes – no Batistério de Pisa, na Casa d'Oro em Veneza, na Catedral de Lisieux,) é despedaçar a obra antiga; o segundo, usualmente, é erguer a imitação mais ordinária e vulgar que possa escapar à detecção, mas em todos os casos, por mais cuidadosa, e por mais elaborada que seja, é sempre uma imitação, um modelo frio daquelas partes que podem ser modeladas, com adições conjeturais; minha experiência me aponta apenas um único caso, aquele do Palácio de Justiça de Rouen, no qual mesmo isso – o mais alto grau de fidelidade possível –, tenha sido atingido, ou sequer tentado.

XIX. *Não falemos, pois, de restauração. Trata-se de uma Mentira do começo ao fim. Você pode fazer um modelo de um edifício como também de um cadáver, e o seu modelo pode conter o contorno das antigas paredes dentro dele, assim como o seu molde pode conter o esqueleto, sem que eu possa ver ou apreciar qualquer vantagem nisso. Mas o antigo edifício estará destruído, de uma forma mais completa e impiedosa do que se tivesse desabado num amontoado de terra, ou derretido numa massa de barro: mais pode ser resgatado da devastada Nínive do que jamais o será da reconstruída Milão.* Mas, diz-se, pode ser necessária a restauração! Que seja. Encare tal necessidade com coragem, e compreenda o seu verdadeiro significado. É uma necessidade de destruição. Aceite-a como tal, arrase o edifício, amontoe suas pedras em cantos esquecidos, transforme-as em cascalho, ou argamassa, se você quiser; mas o faça francamente, e não coloque uma Mentira em seu lugar. Encare tal necessidade com coragem antes que ela surja, e você poderá evitá-la. O princípio vigente nos tempos modernos (um princípio que, acredito, pelo menos na França, tem sido *sistematicamente praticado pelos pedreiros*, com o objetivo de arranjar trabalho para si, tal como na abadia de St. Ouen, que foi demolida pelas autoridades da cidade para dar ocupação a alguns vagabundos) é o de descurar dos edifícios primeiro, e restaurá-los depois. Cuide bem de seus monumentos, e não precisará restaurá-los. Algumas chapas de chumbo colocadas a tempo num telhado, algumas folhas secas e gravetos removidos a tempo de uma calha, salvarão tanto o telhado como as paredes da ruína. Zele por um edifício antigo com ansioso desvelo; proteja-o o melhor possível, e a *qualquer* custo, de todas as ameaças de dilapidação. Conte as suas pedras como se fossem as joias de uma coroa; coloque sentinelas em volta dele como nos portões de uma cidade sitiada; amarre-o com tirantes de ferro onde ele ceder; apoie-o com escoras de madeira onde ele desabar; não se importe com a má aparência dos reforços: é melhor uma muleta do que um membro perdido; e faça-o com ternura, e com reverência, e continuamente, e muitas gerações ainda nascerão e desaparecerão sob sua sombra. Seu dia fatal por fim chegará; mas que chegue declarada e abertamente, e que nenhum substituto desonroso e falso prive o monumento das honras fúnebres da memória.

XX. De destruição mais arbitrária ou ignorante [do que a restauração] é inútil falar; minhas palavras não atingirão aqueles que as cometem[12], e mesmo assim, ouvido ou não, não posso deixar de declarar essa verdade: que a nossa opção por preservar ou não os edifícios dos tempos passados não é uma questão de conveniência ou

---

12. Não, de fato! – De palavras mais desperdiçadas do que as minhas ao longo da vida, ou pão lançado em águas mais amargas, nunca ouvi falar. Este último parágrafo do sexto capítulo é o melhor, creio, no livro, – e o mais vão. (Nota do Autor à edição de 1880.)

de simpatia. *Nós não temos qualquer direito de tocá-los.* Eles não são nossos. Eles pertencem em parte àqueles que os construíram, e em parte a todas as gerações da humanidade que nos sucederão. Os mortos ainda têm seu direito sobre eles: aquilo pelo qual trabalharam, a exaltação da façanha ou a expressão do sentimento religioso, ou o que quer que exista naqueles edifícios que tencionavam perpetuar, não temos o direito de obliterar. O que nós mesmos construímos, temos a liberdade de demolir; mas o direito sobre aquilo pelo qual outros homens deram sua força e riqueza e vida para realizar, não expira com a morte deles; menor ainda é o nosso direito de dispor daquilo que eles legaram. Essa herança pertence a todos os seus sucessores. Milhões, no futuro, podem lamentar ou serem prejudicados pela destruição de edifícios que nós dispensamos levianamente, em nome de nossa presente conveniência. Tal pesar, tal perda, não temos o direito de infligir. Pertenceria a catedral de Avranches mais à plebe amotinada que a destruiu do que a nós, que perambulamos com tristeza sobre suas fundações? Do mesmo modo, nenhum outro edifício pertence à ralé que o violenta. Pois é de ralé que se trata, e sempre será; não importa se enraivecida, ou em loucura deliberada; se agrupada em números incontáveis, ou em comissões; as pessoas que destroem qualquer coisa de maneira infundada são ralé, e a Arquitetura sempre é destruída de modo infundado. Um belo edifício sempre vale o terreno sobre o qual foi construído, e sempre valerá até que a África Central e a América se tornem tão

populosas quanto o Middlesex: não há jamais qualquer
motivo válido para sua destruição. Se alguma vez chegou a haver, certamente não o será agora, quando o lugar tanto do passado como do futuro se encontra dema-
siadamente usurpado em nossas mentes pelo presente
agitado e insatisfeito. A própria serenidade da natureza
é gradualmente arrancada de nós; milhares [de pessoas]
que, outrora, em viagens necessariamente demoradas,
foram submetidos à influência do céu silencioso e dos
campos adormecidos, mais efetiva do que advertida ou
confessada, agora carregam consigo, até mesmo lá, a
febre incessante de suas vidas; ao longo das veias de
ferro que atravessam o arcabouço do nosso país, batem
e fluem os pulsos ígneos de seu esforço, mais quentes e
mais rápidos a cada hora. Toda a vitalidade se concentra
através dessas artérias pulsantes em direção às cidades
centrais; o campo é transposto como um mar verde por
pontes estreitas, e somos jogados em multidões cada
vez mais densas sobre os portões da cidade. *Lá*, a única
influência que pode de alguma forma tomar o lugar daquela dos bosques e campos é o poder da Arquitetura
antiga. Não a abandone em troca da praça formal, ou do
passeio cercado e ajardinado, ou da rua vistosa, ou do
amplo cais. O orgulho da cidade não está aí. Deixe-os
para a multidão; mas, lembre-se de que certamente ha-
verá alguém dentro do perímetro dos muros desassosse-
gados que preferiria outros lugares que não esses para
percorrer; outras formas para contemplar com familiari-
dade: como aquele que se sentou com tanta frequência

onde o sol batia do oeste, para observar os contornos do domo de Florença recortados contra o céu profundo, ou como aqueles, seus Anfitriões, que se permitiam diariamente, dos aposentos de seu palácio, a contemplação dos lugares onde seus antepassados descansam, nos encontros das ruas escuras de Verona.

Prancha 5. Capitel da arcada inferior do Palácio do Doge em Veneza.

Prancha 14. Esculturas da Catedral de Rouen.

Título	A Lâmpada da Memória
Autor	John Ruskin
Tradução	Maria Lucia Bressan Pinheiro
Editor	Plinio Martins Filho
Capa	Paula Astiz (projeto gráfico)
	Tomás Martins (execução)
Editoração Eletrônica	Gustavo Marchetti
Revisão de Texto	Beatriz e Gladys Mugayar Kühl
Formato	12,5 x 20 cm
Tipologia	Bodoni Std Book
Papel	Pólen Bold 90 g/m² (miolo)
	Cartão Supremo 250 g/m² (capa)
Número de Páginas	88
Impressão e Acabamento	Lis Gráfica